중 국 어
국제회의
통역노트

중국어 국제회의 통역노트

中国语国际会议口译笔记本

손지봉 지음

이화여자대학교출판문화원

머리말

요즘 후배 통역사들과 함께 국제회의 통역을 하다 보면 감탄이 절로 나온다. 실전에 투입된 지 얼마 되지도 않았는데 의외로 능숙하게 잘하기 때문이다. 내가 처음 통역을 했을 때와 비교하면 격세지감을 느낀다. 당시 통역사 자격증 시험은 운전면허증을 딸 때와 비슷해서, 학원에서 배운 요령에 따라 정해진 코스를 밟으면 딸 수 있었다. 이렇게 운전면허를 딴 초보자가 고속도로에 처음 들어섰다가 차선을 바꾸지 못해 부산까지 갔다는 이야기도 그럴 듯하게 들리던 시절이다. 통역사가 되었지만 통역 기회도 많지 않았고, 더구나 국제회의 동시통역은 까마득한 그들 세계의 일이었다.

통역 수업을 맡게 되면서 어떻게 하면 그들의 세계를 우리 학생들에게 가까이 다가오게 할 수 있을까 고민했다. 그리고 두 가지 방법을 실행하고자 했다. 하나는 학생들이 직접 국제회의 통역 현장을 참관할 수 있게 하는 것이고, 또 하나는 국제회의에서 관습적으로 쓰는 어휘를 익히도록 하는 것이었다. 자신이 통역을 맡게 된 국제회의 현장을 학생에게 참관시키는 일은 매우 부담되는 일이었다. 통역 현장에서는 늘 뜻밖의 일이 일어나곤 하기 때문이다. 통역 장비에 문제가 있어 마이크가 잘 터지지 않을 경우도 있고, 발표자가 원고에 없는 내용을 빠르게 말하면서 제대로 통역할 시간을 주지 않을 때도 있다. 릴레이 통역을 할 때 다른 언어 통역사의 실수로 전체 통역이 부실해지는 경우도 있다. 이런 실수에서 나도 예외일 수 없다. 그러므로 교육에 필요한 모범적인 통역 현장은 없다고 해도 과언이 아니다. 바로 그렇기 때문에 학생들의 통역 현장 참관은 교사로서 썩 내키는 일이 아니었다. 그러나 또 그렇기 때문에 학생들의 통역 현장 참관을 주선하곤 했다. 필자는 통역사란 정말 담이 크고 임기응변에 뛰어난 사람이 아니면 할 수 없는 직업이라고 생각하는데, 통역 현장을 참관시키는 일은 더더욱 용기를 내야 하는 일이라고 생각한다.

국제회의 통역에 필요한 교재를 만드는 일은 좀 더 시간이 걸리는 일이었다. 왜냐하면 교재에 쓸 수 있는 통역 자료들을 어느 정도 확보해야 했기 때문이다. 그래서 정치 · 외교 · 인문 · 화학 · 의학 등 다양한 분야의 통역 자료를 충분히 확보한 뒤에야 교재를 만들 수 있었다.

어찌 보면 교재 내용이 매우 일반적이고 단순하다고 생각할 수도 있다. 사실 회의라는 것이 사람들이 모여 어떤 문제를 가지고 논의하는 것이니만큼 모인 사람들이 서로 인사하고 차례대로 의견을 발표하고 발표한 내용을 정리하고 마무리를 하면 되는 것이다. 국제회의도 예외가 아니다. 다만 다른 점이 있다면 국제회의 현장은 해당 분야의 권위 있는 사람들이 모이는 자리이기 때문에 보다 격식있는 용어를 구사해야 한다는 것이다.

이처럼 회의에서 쓰는 용어는 우리가 이미 알고는 있지만 일상적으로 쓰이지 않는 용어들이므로 미리 익혀둘 필요가 있다. 특히 실제 통역에 투입될 때는 해당 회의의 주제에 따라 쓰이는 전문용어와 내용을 파악하는 데에도 시간이 절대적으로 부족하다. 그러므로 회의 현장에서의 일상 용어를 미리 익혀 두는 것은 꼭 필요하다. 더욱이 통역에 대한 평가는 일상적인 용어를 어떻게 통역하느냐에 따라 좌우되곤 한다. 왜냐하면 회의 주제의 난이도에 따라 통역 수준이 천차만별이기 때문에 일률적으로 통역의 잘잘못을 따질 수가 없다. 그만큼 이 책이 중요하다는 말이다.

이 책은 지난 2012년 이화여자대학교출판문화원의 '국제회의 통역노트' 시리즈 일환으로 출판되었고, 이후 벌써 10년이 넘게 지나서 개정판을 내게 되었다. 비록 시간이 지나기는 했지만 국제회의의 진행 시나리오나 용어에는 큰 변화가 없어 지금도 충분히 통역 현장에서 활용할 수 있는 내용들이기에 큰 수정 없이 간행하게 되었다.

이 책으로 공부하는 학생들과 후배 통역사들 역시 재미있고 쉽게 내용을 익혀 역량 향상에 도움이 되길 바란다.

2024년 1월

이화여자대학교 통역번역대학원 교수
손지봉

目次

II부 인사말

III부 통역의 실제

부록

들어가며

통역이란 무엇인가

통역과 번역을 예술에 비유한다면, 번역은 시각적 · 공간적 예술인 미술에, 통역은 청각적 · 시간적 예술인 음악에 비유할 수 있다. 통역은 언어가 통하지 않는 사람 사이에서, 언어의 뜻을 전달하는 일을 말한다. 그러므로 통역을 하려면 무엇보다 통역하려는 언어를 자유롭게 구사할 수 있는 능력을 지니고 있어야 한다. 그러나 언어 구사 능력을 지녔다고 해서 누구나 통역을 할 수 있는 것은 아니다. 통역을 하려면 기본적으로 통역 상황에 대한 상식이 있어야 한다. 여기에서는 통역에 들어가기 전에 상식적으로 알아야 할 통역의 대상과 방식에 대해 설명하고자 한다.

1. 통역의 대상

통역의 대상은 주제라고도 할 수 있는데 여러 가지 분야가 모두 통역의 대상이 될 수 있다. 통역의 분야는 전문 분야와 일반 분야로 나누어 볼 수 있다. 전문 분야는 철학 · 문학 · 의학 · 심리학 등 전문 분야의 권위자들의 발표를 통역하는 경우이다. 일반 분야는 올림픽과 같은 친선 대회나 투자 설명회와 같은 홍보 분야 또는 국제 전시의 설명회 등에서의 통역을 말한다.

(1) 전문 분야

전문 분야 통역은 자료 준비 없이 하기란 불가능하므로 철저히 준비해야 한다. 또한 이를 위해서 평소에 다양한 분야의 참고 자료를 구비하고 있을 필요가 있다. 전문 분야 통역의 경우, 발표자가 논문을 그대로 읽거나, 요약해서 읽기도 하는데 때로는 발표와 상관 없는 내용을 말하는 경우도 있다. 발표자는 마치 보행자가 운전으로는 해결할 수 없는 부분을 운전자에게 요구하듯 통역사를 과대평가하는 경우가 많다. 이런 기대를 충족시키기 위해서는 철저한 준비만이 최선의 방법이다. 그러나 전문 분야이므로 통역사가 잘 모르는 부분이 있게 마련인데, 이에 대해서는 사전에 철저히 점검하되 여의치 않을 때는 현장에서 발표자와의 의사소통을 통해 좀 더 나은 통역이 이루어지도록 해야 한다.

(2) 일반 분야

일반 분야는 전문 분야에 대해 깊이 논의하는 것이 아니므로 주제에 대한 준비 부담이 적을 수 있다. 그러나 이런 회의에서는 당시의 사건이나 관심사를 비롯하여 주제의 폭이 넓어질 수가 있다. 일반 분야의 통역에서는 특히 인사말이나 개회사 등을 최대한 청중의 정서에 맞게 분위기를 살려 표현해야 하므로 당시 관심사를 비롯해 속담이나 고사, 관용어에 대한 실력을 갖추는 것이 필수적이다. 일반 분야 통역에 대한 준비는 신문이나 잡지의 구독을 통해 가능하다. 또한 본인에게 제공되는 통역 자료 외에 대회의 역사와 특성 등 기본적인 사항을 알아두는 것이 좋다.

2. 통역의 방식

통역의 방식에는 동시통역과 순차통역이 있다. 동시통역은 말하는 사람과 거의 동시에 진행되고, 순차통역은 말하는 사람의 발표 중간에 이루어진다. 좌담회, 기자 회견, 국제회의 등에서 순차통역과 동시통역이 모두 이루어질 수 있는데 특히 3개국 이상이 참여하는 국제회의에서는 시간 관계상 주로 동시통역을 하게 된다.

(1) 동시통역

동시통역은 통역의 꽃이라 할 수 있는데, 겉보기에는 화려하지만 꽃을 피우기까지 힘든 고통이 따른다. 동시통역은 주로 회의에서 하게 되는데 한두 사람을 위해 옆자리에서 작은 소리로 하는 귓속말 통역(whispering)과 대중을 대상으로 하는 부스 통역으로 나눌 수 있으며, 보통 동시통역이라고 하면 부스 통역을 말한다.

부스 통역에서 통역사는 마이크를 통해서 말을 하게 되는데 마이크 목소리는 평상시 목소리와 차이가 있으므로 평소에 마이크 목소리를 점검해야 한다. 또한 마이크를 통해 부스 속에서 발생하는 모든 소리가 청중에게 전달되므로 혼잣말이나 반복적인 말투를 삼가고, 통역할 때 이외에는 마이크를 꺼 놓는 것이 좋다.

부스 통역은 상당한 긴장을 요구하므로 혼자서 장시간 계속 하기 어렵다. 그러므로 두 사람이 한 조가 되어 교대로 통역하는 방식이 일반적인데 실수 없는 통역을 하려면 파트너와 호흡이 잘 맞아야 한다. 통역 부스는 발표자뿐만 아니라 청중들이 잘 보이는 위치에 있어야 통역사가 이들의 행동이나 반응을 보고 내용을 적절히 조절할 수 있다. 그러나 현재 이런 시설이 갖추어진 곳은 많지 않으며 발표자만 잘 보여도 다행이라 할 수 있다. 어렵더라도 수시로 발표자와 청중의 반응을 점검할 필요가 있다.

(2) 순차통역

순차통역은 일단 발표자의 말을 모두 듣고 통역을 한다는 점에서 동시통역보다 쉽다고 할 수 있으나 통역사가 청중 앞에서 발표자와 같이 '발표'를 해야 한다는 점이 부담이 될 수 있다. 동시통역이 마이크와 인간의 고독한 싸움이라면 순차통역은 다수의 청중과 개인의 벅찬 싸움이라 할 수 있다. 그러나 순차통역은 직접 청중의 반응을 보면서 통역을 조절할 수 있는 점이 장점이다. 청중 앞에 설 때에는 그 모임에 맞는 복장을 갖추어야 하며, 특히 너무 눈에 띄지 않도록 조심해야 한다. 또한 청중을 너무 의식해서 말을 더듬거나, 너무 빨리 하거나, 단조롭게 하면 통역을 망치기 쉬우므로 기회가 있을 때마다 여러 사람 앞에서 자신의 의견을 분명한 어조로 표현하는 훈련을 하는 것이 좋다.

동시통역이 마이크를 통한 목소리를 조심해야 한다면 순차통역은 목소리는 물론 몸가짐도 조심해야 하는 부담이 있다. 발표자와 청중의 중간자로서 있는 듯 없는 듯 처신해야 하기 때문이다.

I부

진행 시나리오

(국제회의 및 대형 행사)

01 안내 말씀 드립니다
我先说明一下

기본학습

1. 잠시 안내 말씀 드리겠습니다.
   请大家注意！我先说明一下。

2. 안내 말씀 드립니다. 곧 회의를 시작하겠습니다.
   请大家注意！会议就要开始了。

3. 이상 안내 말씀 드렸습니다.
   以上是对～的说明。

4. 안내원(스텝)이 회의 장소로 안내해 드릴 것입니다.
   由服务员(大会工作人员)带领(指引)各位到会场。

응용학습 1

1. 오늘 회의 진행에 대해 안내 말씀 드리겠습니다.

2. 회의 진행 방법과 내용에 대해 간략하게 안내해 드리겠습니다.

3. 이상으로 오늘 행사에 관한 안내를 해드렸습니다.

4. 지금 ○○○의 안내로 각국 대표단이 입장하고 있습니다.

1. 首先介绍一下今天会议的顺序。

2. 现在简单地介绍一下会议的进行方法和内容。

3. 以上是对今天活动的说明。

4. 现在由○○○带领各国代表团进入会场。

응용학습 2

1. 회의 시작에 앞서 여러분들의 이해를 돕기 위해 회의 진행 방법과 내용에 대해 잠시 안내 말씀을 드리겠습니다.

2. 이번 행사에 참석하신 여러분을 위해 회의 진행 방법과 내용에 대해 간략하게 안내해 드리겠습니다.

3. 분과 회의는 미리 안내해 드린 각각의 장소에서 오후 2시부터 있겠습니다.

4. 회의 장소는 안내원이 안내를 해드리겠습니다만 미리 배포된 자료를 참고하여 주시기 바랍니다.

1. 在会议开始之前，我就会议的进行方式和内容作一简单的介绍，以供各位参考。

2. 为了参加此次活动的各位贵宾，我简单地说明一下会议的进行方式和内容。

3. 分组讨论将从下午两点开始进行，会场是已向各位介绍过的地点。

4. 服务员会指引各位到会场，请参考已发给各位的资料。

TIP

안내의 다양한 표현

한국에서는 '안내'라는 말을 광범위하게 사용하지만 중국어로 통역할 때에는 각기 다른 상황에 맞게 표현해야 한다. 예문을 통해서 알아보자.

안내 데스크　询问处
버스 안내 노선　公交车指南
회의 안내　会议介绍/会议说明
○○의 안내로　由○○带领

이처럼 상황에 따라 다르게 표현하므로 통역에 각별히 주의해야 한다.

단 | 어 | 해 | 설

회의에 앞서　在会议开始之前
이해를 돕다　以供参考
행사　活动、大会
이상　就此、以上

02 지금부터 회의를 시작하겠습니다
现在宣布会议正式开始

기본학습

1. 지금부터 '제2차 합동회의'를 시작하겠습니다.
   现在宣布第二届联席会议正式开始。

2. 시간이 다 되었으니 개막식을 진행하겠습니다.
   时间已经到了，现在开始进行开幕典礼。

3. 지금으로부터 '중국 우한시 경제무역상담회' 개막을 선언합니다!
   现在请允许我宣布：中国武汉市经济贸易洽谈会开幕!

4. 이제 곧 회의를 시작하겠사오니 준비해 주시기 바랍니다.
   会议就要开始了。请各位准备一下。

응용학습 1

1. 곧 회의를 시작할 예정이오니 잠시 기다려 주십시오.

2. 잠시 후 10시 정각에 회의를 시작하겠으니 준비해 주시기 바랍니다.

3. 지금부터 강원도가 주최하는 '제2회 환동해권 관광촉진협의회'를 시작하겠습니다.

4. 시간이 다 되었으므로 금일 회의의 개최를 선언하겠습니다.

5. 이어서 회장님의 개회 선언이 있겠습니다.

1. 会议就要开始了，请稍等一下。

2. 10点整开始进行正式会议。请各位准备一下。

3. 现在，请允许我宣布由江原道主办的"第二届环东海圈旅游促进协议会"正式开始!

4. 时间已到，请允许我宣布开会。

5. 接着，请会长先生宣布开幕。

응용학습 2

1. 여러분, 오래 기다리셨습니다. 예정된 시간이 됐으므로 회의를 시작하겠습니다.

2. 그럼 지금부터 성균관대학교, 삼성경제연구소가 공동 주최하는 '제2회 한·중 국제 포럼' 개막식을 거행하겠습니다.

3. 지금부터 ○○○가 주최하고 ○○○이 주관하며, ○○○가 후원하는 국제 심포지엄을 시작하겠습니다.

4. 그러면 지금부터 〈저장성의 동아시아: 지방 도시의 역할과 전망〉이라는 주제를 가지고 '제8회 동아시아 6도시 경제인회의'를 개최하도록 하겠습니다.

1. 让各位久等了。时间已到，现在开始进行正式会议。

2. 那么，从现在开始举行由成均馆大学和三星经济研究所联合举办的第二届中韩国际论坛的开幕典礼。

3. 现在，请允许我宣布由○○○主办，○○○承办，○○○协办的国际讨论会正式开始！

4. 那么，现在我们以"低增长的东亚：地方城市的角色与展望"为主题，开始进行第八届东亚六大城市经济人会议。

TIP

주최, 주관, 후원, 협찬의 차이!

회의나 박람회에 참석했을 때 관련 홍보물에서 주최·주관·후원 등의 문구를 본 적이 있었을 것이다. 회의와 관련된 기관이나 기업인 것 같은데 왜 이렇게 구분을 하는지 고개를 갸우뚱거렸던 경험도 있으리라 생각한다. 이번 기회에 중국어로 어떻게 표현하는지 확실히 알고 넘어가자.

주최	主办(host)	주관	承办(oganize)
후원	协办(support)	협찬	赞助(sponsor)

어떤 기관이 A라는 행사를 기획했지만 이를 운영할 실무적 능력이 없을 때 다른 곳에 의뢰해 행사를 진행하게 되는데, 이때 의뢰한 측이 주최 측이고 의뢰를 받아 행사를 운영하는 곳이 주관 단체, 또는 주관 측이다. 주관 단체에서는 행사의 성격에 따라 기관이나 기업에 지원을 요청하게 된다. 이때 지원을 해주는 곳을 후원 업체라 하고 자금을 지원해 주는 곳을 협찬 업체라 한다.

단어해설

이어서　接着、紧接着

시간이 다 되다　时间已到

~를 주제로　以~为主题

03 동시통역으로 진행합니다
会议以同声传译方式进行

기본학습

1. 오늘 회의는 동시통역으로 진행합니다.
   今天的会议以同声传译方式进行。

2. 폐회식 프로그램은 4개 국어로 동시통역이 실시됩니다.
   闭幕式将以四国语言进行同声传译。

3. 1번 채널은 한국어, 2번은 중국어입니다.
   第一声道是韩语，第二声道是汉语。

4. 각자 리시버의 채널을 확인해 주시기 바랍니다.
   请自行调整接收机的声道。

응용학습 1

1. 오늘 회의는 순차통역 방식으로 진행됩니다.

2. 오늘 회의는 동시통역에 의한 심포지엄 형식으로 진행됩니다.

3. 오늘 회의는 4개국이 참가하는 국제회의로서 동시통역으로 진행됩니다.

4. 한국어는 1번, 중국어는 2번, 일본어는 3번이니 채널을 확인해 주시기 바랍니다.

5. 여러분의 자리에 있는 리시버의 사용 방법을 알려 드리겠습니다.

6. 리시버는 사용 후 주최 측에 반납하여 주십시오.

1. 今天的会议将以交替传译方式进行。

2. 今天的会议是一场以同声传译方式进行的研讨会。

3. 今天的会议是由四个国家参加的国际会议，将以同步传译方式进行。

4. 韩语是第一声道，汉语是第二声道，日语是第三声道。请确认一下声道。

5. 现在说明一下放在各位桌子上的接收机的用法。

6. 接收机使用完毕后，请交还给主办单位。

응용학습 2

1. 오늘 오전 회의는 동시통역으로 진행되겠사오니 대표단 여러분께서는 이어폰을 사용하시기 바랍니다.

2. 여러분께 나누어 드린 수신기는 외국 대표께서 말씀을 하실 때 우리말로 들을 수 있는 통역 장비입니다.

3. 가지고 계신 리시버의 채널 5번은 한국어, 7번은 일본어, 8번은 중국어로 통역되고 있습니다.

4. 헤드폰을 머리에 쓰신 다음 채널을 한국어 1번, 중국어 2번에 맞추시면 되겠습니다.

5. 자리를 떠나실 때에는 여러분께서 이용하신 수신기를 제자리에 놓아 두시기 바랍니다.

6. 리시버는 사용 후 회의장을 떠나실 때 반드시 주최 측에 반납해 주시기 바랍니다.

7. 가지고 계신 리시버가 잘 안 들리면 손을 들어 주십시오. 교환해 드리겠습니다.

8. 리시버는 훼손하거나 분실하지 마시고 자리를 뜨실 때 탁자 위에 놓아 두시기 바랍니다.

9. 이 수신기는 통역 장비 이외의 용도로는 사용할 수 없으며, 훼손하거나 분실하면 우리 측에서 변상해야 하므로 주의해 주시면 감사하겠습니다.

1. 今天上午会议将以同声传译的方式进行，请各位代表使用耳机。

2. 发给各位的是外国代表发言时，各位可以听到韩语的接收机。

3. 各位所拿到的接收机第五声道是韩文，第七声道是日文，第八声道是中文。现在正在进行同声传译。

4. 先戴上耳机后，调整所需的频道，韩语是一号，汉语是二号。

5. 离开座位时，请把各位所用的接收机放回原处。

6. 接收器使用完毕后，离开会场时，请交给主办单位。

7. 各位所拿到的接收机若听得不清楚，请举手，我们将为您换上一个新的。

8. 请不要弄坏或弄丢，在离开会场的时候，请把耳机放在桌子上。

9. 接收机除了在会场收听译文之外，没有其他用途。若破损或遗失，我方要赔偿，请各位予以注意，谢谢合作。

TIP

동시통역의 중국어 준말은 '同传', 순차통역의 준말은 '交传'으로 많이 쓴다.

단어해설

순차통역 交替传译、连续传译、异步传译

동시통역 同声传译、即时传译、同步传译

채널 频道、声道

리시버 接收器、接收机、耳机

심포지엄 研讨会、讨论会

주최 측 主办单位

반납하다 交给、还给

훼손하다 破损

분실하다 遗失

변상하다 赔偿

자리를 뜨다 离开会场

주의를 기울이다 予以注意

04 휴대전화는 꺼 주시기 바랍니다
请关机

기본학습

1. 휴대전화는 전원을 꺼 주십시오.
   请关机/请关掉手机电源。

2. 휴대전화는 진동으로 해 주십시오.
   请把手机调到振动模式。

3. 회의장 내에서의 사진 촬영은 금지되어 있습니다.
   在会场内禁止拍照。

4. 회의장 안으로 음식물을 반입하는 행위는 삼가 주시기 바랍니다.
   请不要把食物带入会场。

응용학습 1

1. 휴대전화를 소지하신 분은 전원을 꺼 주십시오.

2. 휴대전화는 진동으로 설정해 주시거나 전원을 꺼 주시기 바랍니다.

3. 행사장 안에서는 휴대전화의 전원을 꺼 주십시오.

4. 회의장 내에서의 사진 촬영은 금지돼 있으니 양해해 주시기 바랍니다.

1. 请关闭随身携带的手机电源。

2. 请把手机关掉或调成振动模式。

3. 入场后，请关掉手机电源。

4. 会场内禁止拍照，请大家谅解。

응용학습 2

1. 회의장 안에서 휴대전화 사용은 금지돼 있으니 반드시 전원을 꺼 주시기 바랍니다. 감사합니다.

2. 휴대전화를 소지하신 분은 진행에 방해가 되지 않도록 전원을 꺼 주시기 바랍니다.

3. 회의장 안에서 휴대전화 사용은 다른 분에게 피해를 주므로 전원을 끄거나 진동으로 바꿔 주시기 바랍니다.

4. 관계자 이외의 비디오 촬영은 금지돼 있습니다. 널리 양해해 주시기 바랍니다.

5. 회의장은 금연 구역입니다. 복도 끝에 흡연 장소가 마련되어 있으니 담배를 피우시는 분은 그곳을 이용하여 주시기 바랍니다.

1. 会场内禁止使用手机，请大家关掉手机电源，谢谢合作。

2. 请关闭随身携带的手机电源，以免影响他人。

3. 会场内使用手机，有可能影响他人。请关机或调成振动模式。

4. 除了工作人员以外禁止在会场摄影。请大家多多配合。

5. 会场内禁止吸烟。场外走廊尽头设有专门的吸烟区，需要的来宾，请到吸烟区。

TIP

"~해 주셨으면 감사합니다"라는 한국어 표현은 '谢谢'라고 하면 된다. 그리고 "협조해 주셔서 감사합니다"라는 표현은 '谢谢合作'라고 한다.

단어해설

~를 소지하다 随身携带
사진 촬영 摄影
금연 구역 禁烟区

05 입장하시겠습니다/퇴장하시겠습니다

进场/退场

기본학습

1. 회장님께서 입장하시겠습니다.
   有请会长进场。

2. 지금 김회장님과 귀빈들께서 입장하고 계십니다.
   现在走进会场的是金会长等多位贵宾。

3. 회의장으로 들어오시기 바랍니다.
   请大家进入会场。

4. 장관님께서는 이만 퇴장하시겠습니다.
   长官(部长)先生要提前退场。

응용학습 1

1. 지금 김회장님의 안내로 귀빈들께서 입장하고 계십니다.

2. 회의 시작 5분 전입니다. 귀빈 여러분께서는 입실해 주시기 바랍니다.

3. 회의 시간이 다 되었으니, 모두 입장하여 착석해 주시기 바랍니다.

4. 곧 회의가 시작되니 속히 입장해 주시기 바랍니다.

5. 먼저 참가국기 입장 및 각국 대표단의 입장 순서가 있겠습니다.

6. 장관님께서는 공무로 이만 퇴장하시겠습니다.

1. 现在由金会长带领嘉宾进入会场。

2. 离会议开始时间仅有5分钟，请各位入场并做好准备。

3. 会议时间已到，请各位贵宾入场就座。

4. 会议就要开始了，请各位尽快入场。

5. 首先是与会国的国旗以及各国代表团的入场。

6. 长官先生由于公务在身，要提前离开会场。

응용학습 2

1. 잠시 후 9시 30분부터 세미나를 시작하겠습니다. 홀에 계신 분들은 모두 안으로 들어오셔서 자리에 앉아 주시기 바랍니다.

2. 잠시 후 5시부터 개막식을 거행하겠사오니 밖에 계시는 내외 귀빈 여러 분께서는 개막식장으로 입장하여 주시기 바랍니다.

3. 지금 ○○○ 회장님의 안내로 각국 대표단이 입장하고 있습니다. 모두 큰 박수로 환영해 주시기 바랍니다.

4. 좌석 배치도는 만찬장 입구에 비치되어 있으니 확인하시고 만찬장으로 들어오시기 바랍니다.

5. 대단히 죄송합니다만 회장님께서는 다른 용무가 있어 이만 퇴장하시겠습니다.

1. 从九点三十分开始进行讨论会。还在大厅的各位，请入场就座。

2. 从五点开始，我们将举行开幕典礼，还在场外的各位来宾速请入场。

3. 现在由○○○会长带领各国代表团进入会场。请各位以热烈的掌声表示欢迎。

4. 席次安排表在宴会场入口，请确认后，进入晚宴场。

5. 十分抱歉，会长先生由于其他安排，要提前离开会场。

TIP

'잠시 후'의 중국어 표현

'잠시 후'라는 표현은 구체적인 시간을 함께 언급할 경우와 단독으로 사용할 경우의 중국어 표현이 다르다는 것을 기억하자. 단독으로 사용할 경우에는 '稍后/马上'으로 표현하면 되지만, 구체적인 시간과 함께 언급될 때는 그 시간만 말하는 것이 자연스럽다.

잠시 후 회의가 시작되겠습니다.
会议马上要开始了。
이제 잠시 후 10시부터 회의가 시작되겠습니다.
我们从十点开始举行会议。

단 어 해 설

공무 公务活动
입장/입실 入场
퇴장 离开会场、退场
참가국기 与会国的国旗
좌석 배치도 席次安排表、坐席安排表
만찬장 宴会场、晚宴场

06 모두 일어서 주시기 바랍니다
请大家起立

기본학습

1. 일어서 주시기 바랍니다.
   请起立。

2. 앉아 주시기 바랍니다.
   请就座。

3. 모두 일어서 주시기 바랍니다.
   请全体起立。

4. 모두 착석해 주시기 바랍니다.
   请全体入座。

응용학습 1

1. 장내에 계신 여러분, 모두 일어서 주시기 바랍니다.

2. 비어 있는 좌석에 앉아 주시기 바랍니다.

3. 죄송합니다만, 앞으로 나와 주시기 바랍니다.

4. 단상으로 나와 주시기 바랍니다.

5. 자리로 돌아가 주시기 바랍니다.

1. 现场的各位来宾，请起立。

2. 请大家找空位入座。

3. 很抱歉，请到前面来。

4. 请到台上来。

5. 请回到座位就座。

응용학습 2

1. 호명된 분은 그 자리에서 일어서 주시기 바랍니다.

2. 여러분, 모두 잔을 들고 일어서 주시기 바랍니다.

3. 모든 좌석은 지정석입니다. 다시 한번 확인하시고 자리에 앉아 주시기 바랍니다.

4. 회의장 입구의 좌석 안내표를 확인하신 후 자리에 앉아 주시기 바랍니다.

1. 被介绍到的来宾，请起身示意。

2. 请大家举杯起身。

3. 现场的席次预先为大家安排好了，请大家再次确认并入座。

4. 在会场入口有席次安排表，请大家确认后，入场就座。

단어해실

일어서다 起立、起身
착석하다 就座、入座、落座
단상 前台、舞台、台上
빈 좌석 空位

07 박수로 환영해 주십시오
请掌声欢迎/掌声有请

기본학습

1. 박수로 환영해 주십시오.
   请掌声欢迎。

2. 박수로 환영해 주시기 바랍니다.
   请各位以掌声表示欢迎之意。

3. 박수로 맞이해 주시기 바랍니다.
   请大家鼓掌欢迎。

4. 많은 박수 부탁드립니다.
   请大家掌声鼓励。

응용학습 1

1. 뜨거운 박수로 환영해 주시면 감사하겠습니다.

2. 오늘 오신 귀빈들을 소개해 드릴 때마다 많은 박수 부탁드립니다.

3. 회장님의 제안에 동의하신다면 뜨거운 박수 부탁드립니다.

4. 김회장님이 입장하실 때 우레와 같은 박수로 환영해 주시기 바랍니다.

5. 여러분, 훌륭한 연설을 해주신 회장님께 많은 박수 부탁드립니다.

1. 请大家热烈鼓掌表示欢迎。

2. 每当介绍今天出席的来宾时，请热烈鼓掌表示欢迎。

3. 如果赞同会长的建议，就请以热烈的掌声表示欢迎。

4. 金会长先生入场时，请大家以如雷般的掌声表示欢迎。

5. 请大家把最热烈的掌声送给为我们做精彩发言的会长先生。

응용학습 2

1. 잠시 후 우리 시를 방문해 주신 귀빈들께서 입장하실 때에는 뜨거운 환영의 뜻을 표해 주시면 감사하겠습니다.

2. 잠시 후 손님들이 입장하실 때에는 멀리 외국에서 우리 도를 방문해 주신 손님들께 힘찬 박수로 환영의 뜻을 표해 주시면 고맙겠습니다.

3. 여러분께서는 참가국기 및 대표자가 입장할 때 우레와 같은 박수로 환영해 주시기 바랍니다.

4. 바쁘신데도 불구하고 오늘 회의를 위해 귀중한 시간을 할애해 주신 회장님을 큰 박수로 환영해 주시기 바랍니다.

1. 稍后，访问我市的每位贵宾入场时，请大家以热烈的掌声表示欢迎。

2. 远道而来的各位外国朋友入场的时候，请以热烈的掌声表示欢迎。

3. 各国国旗与代表入场的时候，请大家以如雷的掌声表示欢迎。

4. 会长先生在百忙之中，抽出宝贵的时间前来参加今天的会议。请大家以热烈的掌声表示欢迎。

TIP

중국 사람은 연설을 들을 때 중간중간 박수를 잘 치는 편이다. 가령 인사말 중에도 상대방을 칭찬하거나 뜨거운 환영 인사를 할 때 청중들은 아낌없이 박수를 친다. 특히 고위직 인사가 할 때 더욱 그렇다.

단어해설

박수　掌声

박수 치다　鼓掌

박수로 맞아 주다　掌声欢迎

귀중한 시간을 할애하다　抽出宝贵的时间

우레와 같은 박수　如雷般的掌声、雷鸣般的掌声

뜨거운 박수　热烈的掌声

08 사회를 맡았습니다
我是主持人

기본학습

1. 오늘 사회를 맡은 ○○○입니다.
   我是今天会议的主持人○○○。

2. 저는 개막식의 사회를 진행할 ○○○입니다.
   我是主持开幕典礼的○○○。

3. 사회를 담당할 ○○○입니다. 잘 부탁드립니다.
   我是担任会议主持的○○○。请大家多多关照。

4. 제가 회의를 진행하겠습니다.
   由我(本人)来主持会议。

응용학습 1

1. 저는 회의 진행을 담당하게 될 서울시청 ○○○입니다.

2. 저는 본 회의의 사회를 맡은 부산상공회의소 국제부장 ○○○입니다.

3. 오늘 간담회의 진행을 맡은 ○○○입니다. 잘 부탁드립니다.

4. 이 세션의 사회는 ○○○ 씨가 맡아 주시겠습니다.

5. 회의 진행은 관례에 따라 주최 측인 한국 측에서 맡아서 하겠습니다.

1. 我是会议主持人○○○，来自首尔市政府。

2. 我是主持本次会议的釜山商工会议所国际局局长○○○。

3. 我是今天恳谈会的主持人○○○。请多多关照。

4. 有请○○○主持这一部分的会议。

5. 按惯例，今天的会议将由主办单位韩国的代表来主持。

응용학습 2

1. 이번 회의는 한국에서 개최하였기 때문에 편의상 제가 분과위원회 진행을 맡게 되었습니다.

2. 오늘 회의는 관례에 따라 한국 측 대표 단장이신 김회장께서 의장을 맡고, 중국 측 회장께서는 공동 의장을 맡으시겠습니다.

3. 먼저 목포시장님께서 이번 회의의 개최 배경과 의제 내용을 설명하시면서 회의를 주재하시겠습니다.

4. 세미나 1부 사회는 전 한국개발원 원장이시고 현재 ○○대학교 교수이신 ○○○ 박사님께서 진행해 주시겠습니다. ○교수님, 제1부 토론회의 사회를 부탁드립니다.

5. 회의 진행은 관례에 따라 7국 대표 단장이 공동으로 진행하기로 하고 의장은 주최 측인 한국 측에서 맡았으면 하는데, 각국 대표께서는 의견이 어떠신지요?

1. 因为本次会议是在韩国召开的，所以为使会议顺利进行，由本人来主持分组讨论。

2. 按惯例，今天的会议由韩方代表团团长金会长担任主席，并由中方会长担任共同主席。

3. 首先请木浦市市长说明召开这次会议的背景和主要议题，并主持今天的会议。

4. 第一部分的讨论会将由韩国开发院前任院长、○○大学教授○○○博士主持。请○教授主持第一部分的讨论会。

5. 按惯例，会议由七国代表团团长来共同主持，而主席则由主办本次会议的韩方代表来担任。不知各国代表的意见如何?

TIP

회의의 단순 사회자는 '司仪'라고 하며 진행자는 '主持人' 또는 '主席'라고 한다. '司仪'는 회의 순서만 진행하고, '主持人'은 실제로 회의를 주도하는 사람인데, 한국어로는 '좌장', '진행자', '의장'이다. 국제회의 진행자인 경우 동사 '主持'를 사용하여 '主持国际会议'이라고 한다. '主持人'은 TV 쇼 등에서도 자주 쓴다.

단어해설

사회자 主持人、司仪

간담회 恳谈会

세션 部分

관례 惯例

편의상 为了方便起见、为了~方便

분과위원회 分组讨论、分组会议、分组委员会

의장 主席

09 오늘의 참석자를 소개합니다
介绍一下各位与会人士

기본학습

1. 오늘의 참석자를 소개해 드리겠습니다.
   我来介绍一下各位与会人士。

2. 우선 한국 측 참석자를 소개해 드리겠습니다.
   先介绍一下韩方的与会人士。

3. 이어서 중국 측 참석자를 소개해 드립니다.
   紧接着介绍一下中方的与会人士。

4. 이상으로 소개를 마칩니다.
   对来宾的介绍就此结束。

응용학습 1

1. 회의 진행에 앞서 참석하신 귀빈을 소개하겠습니다.

2. 오늘 행사에 참석해 주신 내빈 여러분을 소개해 드리겠습니다.

3. 그럼 순서에 따라 각국 대표 단장께서 단원을 소개하시겠습니다.

4. 중국에서 오신 마회장님을 소개합니다.

5. 먼저 오늘 회의를 주관하시는 회장님을 소개해 드리겠습니다.

> 1. 在正式会议之前，先介绍一下各位与会人士。
>
> 2. 请允许我介绍莅临本次活动现场的来宾。
>
> 3. 那么，按顺序由各国代表团团长介绍各国团员。
>
> 4. 请允许我介绍来自中国的会长马先生。
>
> 5. 首先介绍一下主办今天会议的会长先生。

응용학습 2

1. 오늘 회의를 진행하실 인천상공회의소 ○○○ 상근 부회장님을 소개하겠습니다.

2. 우선 제 왼쪽에 계신 대표부터 소개하겠습니다./제 오른쪽에 계신 대표를 소개하겠습니다.

3. 자기소개를 하실 때는 회사와 성함만 간단히 말씀해 주시기 바랍니다.

4. 다음은 내빈 소개가 있겠습니다. 편의상 제 오른쪽부터 시계 방향으로 호명하겠습니다.

5. 소개해 드린 분 이외에도 많은 귀빈께서 참석하셨습니다만, 시간 관계상 이것으로 내빈 소개를 마치겠습니다.

1. 现在来介绍一下主持今天会议的仁川商工会议所常务副会长○○○先生。

2. 首先介绍在我左手边的代表。/我先来介绍一下在我右手边的代表。

3. 在做自我介绍时，请简单说一下所属公司和尊姓大名。

4. 下面，介绍一下今天的来宾。为使会议顺利进行，按顺时针方向介绍每一位嘉宾。

5. 除此之外，还有很多贵宾也参加了今天的会议，可惜因时间所限，对来宾的介绍就此结束。

TIP

중국에서는 성씨를 물어볼 때 예의상 "请问贵姓？"이라고 한다. 여기에는 상대방을 존중하는 의미가 내포되어 있다. 답하는 사람도 또한 예의바르게 "免贵姓○"라고 말한다. "귀할 귀자는 빼주시고 ~씨"라는 뜻이다. 일반적으로 '我姓~'라고 한다.

단 | 어 | 해 | 설

참석자 与会人士
대표 단장 代表团团长、团长
단원 团员
존함/성함 尊姓大名
시간 관계로 因时间有限、因时间上的关系、因时间所限
시계 방향 顺时针方向
시계 반대 방향 逆时针方向
~를 대신하다 代替

10 인사 말씀이 있겠습니다
请~致辞

기본학습

1. 먼저 회장님의 인사 말씀이 있겠습니다.
   首先，有请会长致辞。

2. 한국 측 대표의 환영사가 있겠습니다.
   有请韩方代表致欢迎词。

3. 이어서 중국 측 대표의 답사가 있겠습니다.
   紧接着，请中方代表致答谢词。

4. 이상으로 3국 대표 단장 인사가 끝났습니다.
   三国代表团团长的致辞就此结束。

응용학습 1

1. 그럼 먼저 ○○○ 관광문화국장께서 환영사를 하시겠습니다.

2. 한국, 일본, 중국 대표순으로 개회사가 있겠습니다.

3. 다음은 문화체육관광부 장관님을 대리하여 ○○○ 차관님께서 격려사를 해주시겠습니다.

4. 먼저 시장님께서 10만 시민을 대표하여 환영사를 하시겠습니다.

1. 那么，先由韩国旅游文化局局长○○○先生致欢迎词。

2. 现在有请韩国、日本、中国代表依次致开幕词。

3. 下面由○○○副部长代表文化体育观光部部长致辞。

4. 首先，由市长先生代表十万市民致欢迎词。

응용학습 2

1. 회순에 따라 ○○○ 한·중 민간경제협의회 회장의 개회사가 있겠습니다.

2. 공사다망하심에도 불구하고 한국에서 개최되는 본 회의를 빛내 주시기 위해 이 자리에 왕림해 주신 ○○○ 대한민국 국무총리께서 축사를 해 주시겠습니다.

3. 다음은 회의 순서에 따라 먼저 각국 대표 단장의 인사 말씀이 있겠습니다. 순서는 한국, 일본, 중국 대표 단장순으로 하겠습니다.

4. 다음은 대통령을 대신하여 ○○○ 장관께서 축사를 대독해 주시겠습니다.

5. 오늘 장관께서 인사를 드릴 예정이었습니다만, 공무로 이 자리에 참석할 수 없게 되었습니다. 따라서 제가 인사 말씀을 대독하겠습니다.

1. 按照会议议程，由韩中民间经济协议会○○○会长致开幕词。

2. 大韩民国国务总理○○○先生在百忙之中还抽出宝贵的时间莅临本次会议，令我们倍感荣幸，请总理为大家致贺词。

3. 下面，按照会议顺序，由各国代表团团长致辞。请韩国、日本、中国代表团依次致辞。

4. 下面，由○○○部长(长官)先生宣读大韩民国总统向大会发来的贺电。

5. 本来今天来参加的是部长先生，但他因公务不能出席，他就委托我代为出席，现在我宣读部长先生发来的致辞。

단어해설

인사 말씀　致辞
개회사　开幕词
환영사　欢迎词
폐회사　闭幕词
만찬사　晚宴词
축사　贺词
장관　部长（长官）
차관　副部长（次官）
대독하다　代读、宣读
공무　公务
다루다　介绍、学习
멘트　话语、（主持人）串词
왕림　莅临
끝 무렵　快要结束时

11 소개받은 ○○○입니다
我就是○○○

기본학습

1. 소개받은 ○○○입니다.
   我就是○○○。

2. 안녕하십니까! 대통령입니다.
   大家好！我是韩国总统○○○。

3. 소개를 너무 잘 해 주셔서 감사합니다.
   感谢主持人的美言。

응용학습 1

1. 지금 소개받은 상공회의소의 ○○○입니다.

2. 안녕하십니까! 방금 소개받은 지식경제부장관 ○○○입니다.

3. 사회자께서 과분할 정도로 소개를 잘 해 주셔서 감사합니다.

4. 과분한 소개를 해 주셔서 너무 부끄럽습니다.

1. 刚才主持人介绍过了，我就是商工会议所的○○○。

2. 大家好！我就是知识经济部部长○○○。

3. 感谢主持人对我的盛赞，不过我感到有些惭愧。

4. 听了主持人对我的盛赞，我感到十分惭愧。

응용학습 2

1. 소개받은 ○○○입니다. 작년에 이어 여러분을 다시 만나 뵙게 되어 매우 기쁩니다.

2. 소개받은 ○○○입니다. 교통 상황이 좋지 못해 10분 정도 늦어진 점을 사과드립니다.

3. 지금 사회자께서 제 소개를 해 주셨는데 한 가지 정정해야 할 사항이 있습니다.

4. 사회자로부터 너무 과분한 소개를 받아 송구스럽기 짝이 없습니다.

1. 我就是○○○。很高兴又见到了在去年这个会议上认识的很多老朋友。

2. 我就是○○○。由于交通拥堵，迟到了10分钟。在此，我深表歉意。

3. 对于刚才主持人的介绍，我做一个小小的纠正。

4. 主持人的盛赞，真让我诚惶诚恐。

TIP

"대통령입니다"를 "我是总统"으로 통역해야 하나?

한국에서는 연설을 시작할 때, 간단히 자기소개를 하고 시작하는 경우가 많다. 보통 직위와 이름을 말하지만, 간혹 직위만 소개하는 경우도 있다. 예를 들면, "안녕하십니까, 대통령입니다" 또는 "안녕하십니까! 대한민국 국무총리입니다"와 같은 말이다. 이 말을 그대로 중국어로 옮기면 "大家好！我是总统" 또는 "大家好！我是大韩民国总理"가 된다. 그런데 이렇게 통역을 하면 중국인들에게는 굉장히 이색하게 들린다. 따라서 이 경우에는 '인사＋직위＋이름'의 순서로 말해 주는 것이 좋다. 아니면 직위를 빼고 '인사＋이름'을 이야기하는 것도 자연스럽다.

예) 안녕하십니까, 대통령입니다.
大家好！我是韩国总统○○○。
大家好！我是○○○。

단어해설

정정하다 纠正
크게 칭찬하다 盛赞
몸 둘 바를 모르다 诚惶诚恐、愧不敢当、不知所措

12 바쁘신 중에 참석해 주셔서 감사합니다
感谢大家百忙之中出席今天的会议

기본학습

1. 바쁘신 중에 참석해 주셔서 감사합니다.
   感谢大家百忙之中出席会议。

2. 바쁘신 가운데 자리해 주셔서 감사합니다.
   感谢大家在百忙之中前来参加会议。

3. 다시 한번 감사드립니다.
   再次谢谢各位。/我想再次表示感谢。

응용학습 1

1. 오늘 바쁘신 중에 이렇게 참석해 주셔서 감사합니다.

2. 이른 시간인데도 불구하고 참석해 주셔서 감사합니다.

3. 바쁘신 가운데 어렵게 자리해 주셔서 감사합니다.

4. 공사다망한 가운데 귀중한 시간을 할애해 주셔서 감사합니다.

5. 멀리 외국에서 오신 내빈 여러분께 진심으로 감사드립니다.

1. 感谢大家在百忙之中出席今天的会议。

2. 感谢各位一大早就来参加会议。

3. 感谢大家在百忙之中挤出时间来参加本次会议。

4. 感谢大家在繁忙之际还抽出宝贵的时间来参加今天的活动。

5. 非常感谢远从外国来的代表团各位。

응용학습 2

1. 바쁘신 가운데 발걸음을 해 주셔서 대단히 감사합니다.

2. 바쁘신 중에 이른 아침부터 세미나에 참가해 주셔서 대단히 감사합니다.

3. 먼 곳에서 어려운 발걸음을 해 주신 참석자 여러분께 진심으로 감사드립니다.

4. 바쁘신 가운데 왕림해 주신 대사님께 깊이 감사드립니다.

5. 먼저 여장을 풀 겨를도 없이 회의장으로 와 주신 여러분께 진심으로 감사 말씀 드립니다.

6. 공사다망하신데도 불구하고 귀중한 시간을 내어 참석해 주신 데 대해 심심한 감사의 말씀을 드립니다.

7. 이 외에도 본 회의를 빛내 주시기 위해 중국과 일본에서 참가해 주신 일행 여러분에게도 특별히 감사를 드립니다.

1. 非常感谢各位百忙之中前来参加会议。

2. 非常感谢各位一大早就赶到会场参加本次研讨会。

3. 非常感谢各位不远千里来出席今天的会议。

4. 我对百忙之中莅临会议的大使先生表示衷心的感谢。

5. 首先我要向风尘仆仆地赶来会场的各位嘉宾表示由衷的谢意。

6. 本人谨向不顾公私繁忙，还抽出宝贵时间前来参加本次会议的各位来宾表示深深的感谢。

7. 除此之外，特别感谢来自中国和日本的各位贵宾参加会议，使此会议盛况空前。

TIP

중국어 연설문에 사용된 감사의 표현

① ~께 진심으로 감사드립니다.

(谨)向＋대상＋致意

(谨)向＋대상＋致上感恩之意

(谨)向＋대상＋表示感谢

(谨)向＋대상＋表示衷心的感谢

(谨)向＋대상＋表示谢意

(谨)向＋대상＋表示诚挚的谢意

② ~에 다시 한번 감사드립니다.

再次谢谢＋대상

再次感谢＋대상

단 어 해 설

바쁘신 가운데 百忙之中

어렵게 자리하다 抽空参加、挤出时间参加

공사다망 公私繁忙

먼 곳에서 오다 远道而来、不远千里、千里迢迢

이른 아침/이른 시간 一大早

왕림하다 莅临

여장을 풀 겨를도 없이 风尘仆仆地

13 궂은 날씨에도
在天气不佳的情况下……

기본학습

1. 궂은 날씨에도 참석해 주셔서 감사합니다.
   感谢大家在天气不佳的情况下前来参加会议。

2. 오늘 이런 악천후 속에서도 자리해 주셔서 감사합니다.
   感谢大家不顾天气恶劣前来参加会议。

3. 좋은 날씨 때문에 많은 분들이 참석해 주셨습니다.
   今天天气很好，所以好像到场的来宾特别多。

응용학습 1

1. 오늘 이런 궂은 날씨에도 불구하고 많은 분들께서 참석해 주셔서 감사합니다.

2. 악천후 속에서도 많은 분들이 참석해 주셨습니다. 진심으로 감사드립니다.

3. 장마가 시작되어 날씨가 좋지 않은데도 불구하고 이렇게 자리해 주셔서 정말 고맙습니다.

4. 무더운 날씨에도 불구하고 멀리서 와 주신 여러분, 정말 감사합니다.

1. 今天，在天气不佳的情况下，还有很多来宾出席会议，我在此表示衷心的感谢。

2. 今天有很多来宾不顾天气恶劣前来出席会议，谨在此表示感谢。

3. 在这样梅雨绵绵的天气，大家仍坚持来到会场，在此表示衷心的感谢。

4. 非常感谢大家不顾高温天气，千里迢迢赶来参加会议。

응용학습 2

1. 좋은 날씨 때문인지 많은 분들이 자리해 주셨습니다. 진심으로 감사드립니다.

2. 공교롭게도 비가 오는 가운데 많은 분들이 참석해 주셨습니다. 정말 고맙습니다.

3. 연말이라 이것저것 바쁘신 중에도 참석해 주신 여러분께 깊이 감사드립니다.

4. 어제까지 날씨가 좋지 않았는데, 오늘 행사를 축하라도 하듯 날씨가 화창합니다.

5. 아침부터 세찬 비가 쏟아져 걱정을 많이 했는데, 다행히 많은 분들이 자리해 주셨습니다.

1. 今天天气很好，所以好像到场的来宾特别多，我就此向大家表示衷心的感谢。

2. 虽然天公不作美，下起了大雨，但仍然有这么多来宾出席会议，我在此向大家表示衷心的感谢。

3. 感谢大家在忙碌的岁末抽出时间前来参加会议。

4. 这两天天气不太好，不过为今天的活动老天开恩，天气放晴了。

5. 一大早就下倾盆大雨，我本来还担心很多人会缺席，还好有这么多人出席。

계절 관련 표현들

만물이 소생하는 계절이 다가왔습니다.
又到了万物复苏的季节。

꽃샘추위 때문인지 아직은 쌀쌀하게 느껴집니다만.
由于倒春寒的缘故，天气还有些凉意。

아침 저녁으로는 아직 쌀쌀합니다.
早晚天气还有些凉意。

오랜 장마도 드디어 끝이 났습니다.
梅雨季节终于结束了。

연일 무더운 날씨가 이어지고 있습니다.
炎炎夏日，让人喘不过气来。

이제 무더위도 한풀 꺾인 것 같습니다.
炎热的天气，也进入了尾声。

천고마비의 계절이 다가왔습니다.
金秋十月，天高气爽。

온 세상이 금빛으로 출렁이는 계절이 다가왔습니다.
又到了秋波盈盈的季节。

일 년 중 가장 바쁜 계절이 되었습니다.
又迎来了一年中最忙的时节。

단어해설

궂은 날씨 天气不佳

악천후 天气恶劣

장마 梅雨

~에도 불구하고 不顾~

세찬 비 倾盆大雨、瓢泼大雨

꽃샘추위 倒春寒

연말, 세밑 岁末、年末、年尾、年底

14 잠시 장내를 정리하겠습니다
下面要整理一下会场

기본학습

1. 잠시 장내를 정리하겠습니다.
   请整理一下会场。/现在重新安排会场。

2. 자리를 정돈해 주시기 바랍니다.
   请各位整理一下座位。

3. 단상을 정돈하겠습니다.
   请整理一下讲台。

응용학습 1

1. 자리가 정리되는 대로 ○○○는 단상으로 올라와 주시기 바랍니다.

2. 이상으로 개회식을 마치고 잠시 자리를 정리하겠습니다.

1. 座位重新安排之后，请○○○到主席台上来。

2. 开幕典礼就此结束。现在重新整理会场。

응용학습 2

1. 이상으로 개회식을 마치고 단상을 정돈한 후 곧바로 제1부 행사인 기조 연설 및 토의를 개최하도록 하겠습니다.

2. 잠시 자리 정돈을 하는 동안 홀에 간단한 차가 준비되어 있으니 이용해 주시기 바랍니다.

3. 이상으로 개회식을 마치고 학술 발표를 진행하기 위해 잠시 자리를 정돈하겠습니다. 단상의 귀빈 여러분께서는 단하의 방청석으로 자리를 옮겨 주시기 바랍니다.

1. 开幕典礼就此结束。重新安排主席台之后，接着进行第一部主旨发言及讨论。

2. 在重新整理会场时，请大家到大厅享用简单的茶点。

3. 开幕典礼就此结束，我们暂时调整座位，以便进行学术发表。烦请在主席台上的各位移到台下的座位。

단어해설

기조연설 主旨发言、主题演讲、主题发言

등단하다 登台、上台

단상 主席台、台上、讲台

개막식 开幕式、开幕典礼

폐막식 闭幕式、闭幕典礼

15 양해를 바랍니다
请多多见谅

기본학습

1. 사전에 양해를 구할 사항이 있습니다.
   事先要取得各位的谅解。

2. 한 가지 양해 말씀을 드리겠습니다.
   有件事要请各位见谅。

3. 불편을 끼치게 된 점, 많은 양해를 바랍니다.
   不便之处，敬请见谅。

4. 회의 시간이 지연되어 죄송합니다.
   会议时间稍有延迟，实在很抱歉。

응용학습 1

1. 회의장 내에서 휴대전화 사용은 금지되어 있으니 여러분의 많은 양해 부탁드립니다.

2. 관계자 이외의 비디오 촬영은 금지돼 있습니다. 양해 부탁드립니다.

3. 발표를 들으시기 전에 한 가지 양해 말씀을 드리겠습니다.

4. 준비가 미진하더라도 널리 양해해 주시고 즐거운 시간 되시기 바랍니다

1. 会场内禁止使用手机，请大家谅解。

2. 会议现场除了工作人员以外禁止摄影。请大家多多包涵。

3. 在听取发言之前，有件事请各位见谅。

4. 若有不周之处，还请各位海涵。祝各位度过愉快的时光。

응용학습 2

1. 좌석이 협소하여 총재님 내외분을 단상에 모시지 못한 것을 죄송하게 생각합니다.

2. 장소가 협소하여 좌석을 마련하지 못한 것을 대단히 송구스럽게 생각합니다. 내외 귀빈 여러분께서는 이 점 너그러이 양해해 주시기 바랍니다.

3. 사전 양해를 드릴 사항입니다만, 일본 오키나와현에서는 부지사가 대신 참석하셨습니다.

4. 오늘 회의는 9시 정각에 시작될 예정이었으나 폭설로 도로 상황이 좋지 못해 아직 많은 분들이 도착하지 못하셨습니다. 부득이 30분 후에 회의를 시작하겠으니 여러분의 많은 양해 부탁드립니다.

1. 台上的座位不够，因而无法邀请总裁伉俪两位上台，实在很抱歉。

2. 因空间狭窄，而无法准备座位，实在很抱歉！请国内外来宾多多见谅！

3. 有件事情想先取得各位的谅解。日本的冲绳县是由副知事代替参加。

4. 今天的会议本来定在9点开始，由于大雪影响交通，有很多嘉宾还没到场。我们不得不推迟30分钟开始会议，请大家多多见谅。

단어해설

양해를 구하다 见谅、取得~的谅解
사전 事先
장소가 협소하다 空间狭窄
내외분, 부부 伉俪
불가피하다 不可避免
지연되다 延迟、延误

16 지금부터 발표가 있겠습니다
现在正式开始发言

기본학습

1. 지금부터 발표가 있겠습니다.
   现在正式开始发言。

2. 우선 양측 대표의 기조연설이 있겠습니다.
   首先由双方代表发表主题演讲。

3. 발표는 한국, 중국, 일본 순서로 진행하겠습니다.
   发言将按韩国、中国、日本的顺序进行。

4. 각국 대표의 발표 시간은 20분입니다.
   各国代表的发言时间为20分钟。

5. 시간을 지켜 주십시오.
   请务必遵守时间。

응용학습 1

1. 이제 본 세미나 1부 발표와 토론을 시작하겠습니다.

2. 우선 양측 대표의 양국 경제 현황에 대한 기조연설이 있겠습니다.

3. 다음 순서로 각국 업계의 현황 보고가 있겠습니다.

4. 그러면 제일 먼저 일본상공회의소 대표께 첫 번째 발표를 부탁드리겠습니다.

5. 발표자의 발표 시간은 20분으로 하고, 토론 시간은 10분으로 합니다.

6. 발표 시간을 꼭 지켜 주시기 바랍니다.

1. 现在正式开始这次讨论第一部分的发言和讨论。

2. 首先由双方代表发表有关本国经济的主题演讲。

3. 下面，听取有关各国行业状况报告。

4. 那么，首先请日本商工会议所代表第一个为我们发言。

5. 发言人的发言时间限20分钟，讲评人的讲评时间限10分钟。

6. 请务必遵守发言时间。

응용학습 2

1. 개회식이 끝나고 먼저 양국 경제 현황과 양국간 경제 협력 방안에 대한 양측의 기조연설이 있겠습니다.

2. 먼저 ○○○께서 지금까지의 회의 경과 보고를 해 주시겠습니다.

3. 먼저 한국 측에서는 ○○○께서 한국의 판지업계 개황을 설명하시겠습니다.

4. 다음은 ○○○께서 지금까지의 환동해권 관광촉진협의회 운영에 대한 경과 보고를 하겠습니다.

5. 발표 순서는 국가별 알파벳 순서에 의해 본 회의 참가 도시별로 발표하도록 하겠습니다.

6. 오늘 회의에서는 한 분당 20분에 한하여 발표해 주십시오. 규정 시간 3분 전에 차임벨 소리로 종료를 알리겠습니다.

7. 각국 발표자의 발표 시간은 10분입니다. 회의를 원활하게 진행하기 위해서 시간을 꼭 지켜 주시기 바랍니다.

1. 开幕典礼结束后，正式会议时首先由双方就有关两国经济现况以及两国之间的经济合作方案作主题演讲。

2. 首先，请○○○报告一下会议的经过。

3. 首先，请韩方代表○○○概括一下韩国纸板工业的情况。

4. 现在，由○○○来就环东海圈旅游促进协会的运行情况做一报告。

5. 按照国名的字母顺序，由各个与会城市依序发言。

6. 今天的会议上，每位发言时间限20分钟，在到规定时间3分钟之前将以铃声提示结束。

7. 各国发言人的发言时间为10分钟。为使会议能够圆满进行，请各位代表务必守时。

단어해설

발표와 토론　发言和讨论、主讲与讲评
현황 보고, 경과 보고　现况报告、业况报告、过程报告
현황, 개황　现状、概况、行业状况
반드시　务必
지키다　遵守
차임벨로 종료를 알리다　以铃声提示结束
원활하게 진행하다　圆满进行
판지업계　纸板工业
알파벳　字母

17 '○○'라는 제목으로 말씀드리겠습니다
以○○为主题进行发言

기본학습

1. '○○'라는 제목으로 말씀드리겠습니다.
   以○○为主题进行发言。

2. 이것으로 제 발표를 마치겠습니다.
   我的发言到此结束。

3. 간단히 말씀을 드리겠습니다.
   简单地谈一谈我的看法。

응용학습 1

1. '한 · 중 경제의 미래'라는 제목으로 말씀드리겠습니다.

2. 이것으로 제 발표를 마치겠습니다. 혹시 질문 있으면 해 주십시오.

3. 이상으로 제 강연을 마치겠습니다. 경청해 주셔서 감사합니다.

4. 시간 관계상 요점만 간단히 말씀드리겠습니다.

5. 두서없이 말씀드려 죄송합니다.

1. 以中韩经济的未来为主题进行发言。

2. 我的发言到此结束。有任何问题请提问。

3. 我的演讲到此结束。谢谢各位的聆听。

4. 由于时间的关系，我简单地谈一谈我的看法。

5. 很抱歉，我说话有点语无伦次了。

응용학습 2

1. 죄송하지만 앉아서 말씀을 드리겠습니다.

2. 양국의 과제에 대해 논의하는 데 제 얘기가 조금이나마 도움이 되길 바랍니다.

3. 주최 측으로부터 ○○에 대해 이야기해 달라는 요청을 받았습니다만, 실은 이 분야에 대해 아는 게 없어 여러분의 기대에 부응할 수 있을지 매우 걱정스럽습니다.

4. 이 부분은 조금 전의 설명과 중복되므로 생략하겠습니다.

5. 제게 주어진 시간은 30분이지만, 20분내로 발표를 마칠 것을 약속드립니다.

1. 十分抱歉，我就坐着讲。

2. 希望我的看法能够为探讨摆在两国面前的课题有所帮助。

3. 大会给我的主题是○○。说实话，我作为外行人不知道能否满足各位的要求。

4. 这一部分已经进行了说明，我不再重复了。

5. 虽然大会给了30分钟的时间，但我承诺，将在20分钟内结束发言。

TIP

중국어의 성조가 매우 중요하다는 것은 다들 알고 있지만, 가끔 실수할 때가 있다. 성조가 잘못 되면 웃음거리가 될 수도 있다. 예를 들어 '主题(zhǔtí)'는 3성+2성인데, zhūtí(猪蹄)로 하면 족발이 된다. 百忙(bǎimáng)을 báimáng(白忙)으로 발음하면 '헛수고'가 되고, 本人(běnrén)을 bènrén(笨人)으로 발음하면 '바보'가 된다.

단 어 해 설

기대 期待、要求
~제목으로 以~为主题
경청하다 聆听
두서없다 语无伦次

18 토론으로 들어가겠습니다
从现在开始进行讨论

기본학습

1. 토론으로 들어가겠습니다.
   从现在开始进行讨论。

2. 그럼 지금부터 패널 토의를 시작하겠습니다.
   从现在开始进行小组讨论。

3. 서로 기탄없이 견해를 말씀해 주십시오.
   请各位坦诚地交换意见。

응용학습 1

1. 전 시간에 이어서 토론을 계속하겠습니다.

2. 좋은 의견이 있으면 말씀해 주시기 바랍니다.

3. 서로 마음을 터놓고 의견을 교환해 주시기 바랍니다.

4. 이 자리를 빌어 개인적 소견과 생각을 이야기하고자 합니다.

1. 接着上一环节，继续讨论。
2. 若有什么建议的话，请各位尽量提出。
3. 希望开诚布公地交换意见。
4. 仅想借此机会谈一谈我个人浅见和想法。

응용학습 2

1. 이상으로 첫 번째 파트의 발표가 끝나고 지금부터 지정 토론자의 토론을 시작하겠습니다.

2. 그럼 토론을 계속하겠습니다. 서로 자유로운 분위기에서 의견을 교환해 주시기 바랍니다.

3. 발표해 주신 내용 중 추가 발언이 필요한 분이나 기타 건의 사항이 있는 분께서는 기탄없이 의견을 말씀해 주시기 바랍니다.

4. 여러분의 열띤 토론에 감명을 받았습니다. 주최 측에서 허락만 하신다면, 토론 시간을 30분 연장하면 어떻겠습니까? 네, 그러면 30분간 토론을 더 하겠습니다.

5. 이상으로 첫 번째 파트의 발표가 끝나고 지금부터 지정 토론자의 토론을 시작하겠습니다. 각국 토론자의 토론 시간은 10분입니다. 회의를 원만하게 진행할 수 있도록 대표 여러분께서는 반드시 시간을 지켜 주시기 바랍니다. 그럼 먼저 중국 측 토론자께서 시작해 주시기 바랍니다

1. 就此会议第一部分的发表结束了，接着是指定讨论者的讨论时间。

2. 那么，我们继续讨论。请各位自由自在地互相交换意见。

3. 在发表的内容中，有要作补充说明或其他建议事项，请尽情发言。

4. 各位诚挚的讨论实在令人敬佩。若主办单位许可的话，是否可将讨论时间延长30分钟？好的。那么，我们再讨论30分钟。

5. 就此会议第一部分的发表结束了，接着是指定讨论者的讨论时间。各国讨论者的讨论时间是10分钟。为使会议能圆满进行，请各位代表务必守时，那么，首先从中方的讨论者开始。

TIP

'행정안전부'나 '문화체육관광부'와 같은 한국 고유의 기관 명칭은 그대로 번역해 주는 것이 원칙이지만, '보건복지부', '정보통신산업진흥원'과 같은 기관을 중국어로 번역할 경우 오해의 소지가 있기 때문에 약간의 수정이 필요하다. 즉 '保健福利部', '信息通信产业振兴院'으로 번역했을 때 중국인들은 좀 더 쉽게 그 기관의 성격을 파악할 수 있다.

단어해설

패널 토의 小组讨论

기탄없다 坦诚

의견 意见、看法

의견을 교환하다 交换意见

소견 浅见

19 휴식 시간을 갖겠습니다
现在休息一会儿

기본학습

1. 휴식 시간을 갖겠습니다.
   现在休息一会儿。

2. 커피 브레이크 시간을 갖겠습니다.
   现在是茶歇时间。

3. 회의는 15분 후에 진행되겠습니다.
   15分钟后继续开会。

응용학습 1

1. 토론을 위해 10분간 휴식하겠습니다.

2. 이상으로 제1부 행사를 마치고 10분간 휴식 시간을 갖겠습니다.

3. 대표단 소개를 마치고 10분간 휴식 시간을 갖겠습니다.

4. 오후 1시 5분까지는 다시 본회의장에 입장해 주시기 바랍니다.

5. 여기서 커피 브레이크 시간을 갖도록 하겠습니다. 20분 후에 다시 모여 주시기 바랍니다.

6. 잠시 커피 브레이크 시간을 갖도록 하겠습니다. 로비에 커피와 차가 준비되어 있습니다.

1. 为了接下来的讨论先休息10分钟。

2. 就此结束第一部分的会议。现在休息10分钟。

3. 代表团介绍完毕后，休息10分钟。

4. 请在下午1点5分之前返回会场。

5. 接下来是茶歇时间，请大家20分钟后返回会场。

6. 现在是茶歇时间，请各位休息一会儿。在大厅准备好了咖啡和茶，请随意饮用。

응용학습 2

1. 수고하셨습니다. 잠시 휴식한 뒤에 1시 30분부터 회의를 속개하겠습니다.

2. 제2부 행사는 16시 40분부터 개최되므로 시간에 늦지 않도록 지정된 자리에 착석해 주시기 바랍니다.

3. 잠시 자리를 정돈하는 동안 홀에 간단한 차가 준비되어 있으니 이용해 주십시오. 제2부 토론은 오후 3시 20분에 시작하겠습니다.

4. 15분간 휴식 시간을 갖도록 하겠습니다. 음료대에 커피와 주스가 마련되어 있으니 이용하시고 11시 30분에 회의를 속개하겠습니다.

5. 시간 관계상 커피 브레이크는 생략하고 바로 제2세션으로 넘어가겠습니다.

6. 지금부터 커피 브레이크 시간입니다. 15분 후에 라운드 테이블 회의를 속개하도록 하겠습니다.

1. 谢谢各位。现在休息一会儿，1点30分开始我们将继续开会。

2. 第二部分会议将从下午4点40分开始，请各位准时入场就坐。

3. 为了安排下一部分的日程，在大厅准备了茶水供大家饮用。第二部分讨论将从下午3点20分开始。

4. 我们休息15分钟。饮料台上准备了咖啡和果汁，请随意饮用。11点30分继续开会。

5. 由于时间上的关系，我们下面就不进行茶歇了，直接进入第二阶段。

6. 现在进入茶歇时间，15分钟之后我们进行下一轮圆桌讨论。

TIP

커피 브레이크!

국제회의 일정 가운데는 장시간에 걸친 발표나 토론 사이에 커피 브레이크 시간을 갖는다. 이때 참석자들은 함께 다과와 음료를 즐기면서 환담을 나누기도 한다. 이것을 중국어로 '茶歇'라고 한다.

단어해설

로비 大厅
라운드 테이블 회의 圆桌会议

20 질의응답 시간을 갖겠습니다
接下来是问答时间

기본학습

1. 질의응답 순서로 들어가겠습니다.
   现在进入问答环节。

2. 질문 받겠습니다.
   请各位提出问题。

3. 질문이 있는 분은 손을 들어 주시기 바랍니다.
   有问题的请举手。

4. 답변을 드리겠습니다.
   回答所问的问题。

응용학습 1

1. 발표는 이것으로 마치고 질의응답 순서로 들어가겠습니다.

2. 이번에는 청중으로부터 질문을 받겠습니다.

3. 3국의 발표에 대한 질의응답 시간을 15분간 갖겠습니다.

4. 한국 측 발표자분께 두 가지 질문을 드리겠습니다.

5. 우선 첫 번째 질문부터 답변을 드리겠습니다.

1. 发言就此结束，现在进入问答时间。

2. 接下来是问答时间，在座的各位可提出问题。

3. 对于三国的发言，有15分钟的问答时间。

4. 首先，向韩国发言者提出两个问题。

5. 首先，我来回答第一个问题。

응용학습 2

1. 더 없습니까? 좋은 기회이니 마음껏 질문해 주시기 바랍니다.

2. 발언하실 때는 마이크의 버튼을 눌러 램프가 켜지면 해 주시고 발언이 끝나면 버튼을 눌러 마이크를 꺼 주시기 바랍니다.

3. 이상으로 3국의 현황 설명이 있었습니다. 이어서 3국 업계 현황과 관련된 질의응답을 10분간 갖겠습니다.

4. 8개 성·시·도 대표단장님이 질문을 해 주시고, 질문을 받은 발표자가 좌장의 진행에 따라 답변을 해 주시기 바랍니다. 이어서 일반 참가자분께는 특별한 사항에 대해서만 질문을 받겠습니다.

5. 지정 토론이 끝났습니다. 자리에 계신 참석자들께 질문의 시간을 드리겠습니다. 질문하실 때 우선 소속과 성함을 밝혀 주시고 간단명료하게 5분씩만 말씀해 주시기 바랍니다.

6. 시간 관계상, 질문을 여기까지 받고 지금부터는 발표자의 답변 시간입니다. 문제를 다시 정리해 보면 중국 측에게 질문 3개, 한국 측에 질문이 2개 있습니다. 발표자께서 돌아가면서 역시 5분씩 답변해 주시면 고맙겠습니다. 그럼 먼저 중국 측의 답변을 부탁드립니다.

1. 还有其他提问吗? 这是一个很好的机会，请大家尽情提问。

2. 开始发言时，请按下发言钮，等指示灯发亮后就进行发言。发言结束后也请按下发言钮，关掉话筒(麦克风)。

3. 就此结束三国的行业状况说明。接着我们有10分钟的时间讨论有关三国业界的状况。

4. 先请八个省市道代表团团长提出问题，发言人按主持人的提示回答问题。原则上只限一般与会人士就特别事项提出问题。

5. 指定讨论结束了，在座的各位可提出问题。提问时请先报所属机构及姓名，然后请简明扼要地说5分钟。那么，我们请三位进行提问。

6. 由于时间上的关系，提问就到此为止，现在开始由发言者答复。将所提问的问题重新整理一下的话，有3个问题是向中方提出的，有2个问题是向韩方提出的。请发言人轮流答复，答复时间也是5分钟。那么，请中方代表先答复。

특히 질의응답 시간은 원고나 자료가 없으므로 집중해서 통역해야 한다. 두 사람이 번갈아 할 때도 동료가 맡은 부분을 잘 들어 두어야만 회의 기간 내내 일관성 있는 통역을 할 수 있다.

'소중한 기회', '귀한 기회'와 같은 표현은 '难得的机会'라고 번역하는 것이 좋다. '难得'는 '보기 드문', '흔하지 않은'이라는 뜻으로 일상 생활에서 많이 쓰인다. 예를 들면, 다음과 같다.

그는 아주 보기 드물게 좋은 사람이다.
他是一个难得的好人。
아주 소중한 기회인 만큼 열심히 해야겠다.
这是一个难得的机会，我要好好把握。

단어해설

질의응답 问答

답변 答复

소속 所属单位

간단명료 简单扼要、简单明了

번갈아 轮流

21 제 인사 말씀을 마칩니다
我的发言就此结束

기본학습

1. 이것으로 제 인사 말씀을 마치겠습니다.
   我的发言就此结束。

2. 다음은 양국 대표의 폐회사를 듣겠습니다.
   下面，有请两国代表致闭幕词。

3. 장시간 경청해 주셔서 감사합니다.
   感谢各位长时间的聆听。

응용학습 1

1. 폐회에 즈음하여 양국 대표의 폐회사를 듣겠습니다.

2. 여러분의 건승과 발전을 기원하며 인사 말씀으로 갈음하겠습니다.

3. 오랜 시간 방청해 주신 여러분께 진심으로 감사드립니다.

4. 지금까지 열심히 본회의에 임해 주신 8개 성·시·도 대표단께 깊은 감사를 드립니다.

5. 끝까지 자리를 함께해 주신 국내외 귀빈 여러분께 감사의 말씀을 드립니다.

1. 在闭幕之前，请两国代表致闭幕词。

2. 最后，预祝各位的身体健康、事业兴旺。谢谢。

3. 非常感谢在座各位长时间的聆听。

4. 我向积极参加会议的八个省市道代表团表示深深的谢意。

5. 感谢来自国内外的贵宾，感谢各位诚挚热情的支持和参与。

응용학습 2

1. 내년 싱가포르에서 다시 만날 것을 기약하며 폐회에 앞서 의장님께 폐회 인사를 부탁드립니다.

2. 내년 청도에서 개최되는 제6회 동아시아 경제인회의에서 다시 만날 것을 기약하며 폐회에 앞서 회장님께 폐회 인사를 부탁드립니다.

3. 마지막으로 오늘의 포럼 개최를 위해 남다른 노고를 아끼지 않으신 주최 측 여러분께 거듭 감사 말씀 드립니다.

4. 오늘 이 자리에 참석하신 여러분 모두가 한·중 관계의 가일층한 발전을 위해 가교 역할을 해 주실 것이라고 기대합니다.

5. 끝으로 이번 행사를 준비하시느라 애쓴 관계자 여러분의 노고를 치하하며, 유익하고 보람 있는 한국 방문이 되시기를 기원합니다.

6. 특히 끝까지 방청해 주신 내빈 여러분과 시민 여러분께도 다시 한번 감사를 드립니다. 대단히 감사합니다.

1. 明年我们在新加坡再会。请主席先生致闭幕词。

2. 明年第六届东亚经济人会议将在青岛举行，我们那时再会。闭幕之前，我们请会长先生致闭幕词。

3. 最后，再次感谢为筹备论坛而不辞辛劳的主办单位有关人士。

4. 我希望在座的各位能够发挥桥梁作用，使两国关系更上一层楼。

5. 最后，特别感谢为筹备此次会议不辞劳苦工作的有关人士，并祝愿各位在访韩期间一切顺利、愉快。谢谢！

6. 尤其是向一直倾听会议发言和讨论的各位来宾和各位市民，再次表示深深的感谢。

TIP

대규모 회의는 폐회식(폐막식)을 별도로 갖지만, 대개의 소규모 회의는 별도의 폐회식 없이 간단한 폐회 선언이나 인사말로 이를 대신한다. 폐회식에서는 회의의 결과에 대해서 간단히 언급하고 차기 회의를 기약하는 말로 인사를 마치게 된다.

단어해설

경청하다 聆听
방청 旁听
기약 希望、期待
가교 역할 桥梁作用
치하하다 感谢

22 모두 마치겠습니다
会议全部结束了

기본학습

1. 오전 회의는 이것으로 마치겠습니다.
   那么，上午会议就此结束了。

2. 회의를 모두 마치겠습니다.
   会议全部结束。

3. 이로써 오늘의 회의 일정을 모두 마치겠습니다.
   今天的会议就此全部结束了。

4. 오늘의 토론은 이것으로 마무리하겠습니다.
   今天的讨论到此为止。

응용학습 1

1. 이상으로 제2차 라운드 테이블 회의를 마치겠습니다.

2. 그러면 이것으로써 '제8회 아시아 종이펄프회의' 본회의를 모두 마치겠습니다.

3. 이상으로 1부 행사인 개회식을 마치고 잠시 후 2부 행사로 패널 토의가 있겠습니다.

4. 그럼 이번 회의를 모두 마치겠습니다. 내년 회의를 기약하면서 부디 안녕히 가십시오.

1. 那么，第二届圆桌会议就此结束了，谢谢大家。

2. 那么，就此结束第八届亚洲纸业会议全体会议。

3. 第一环节开幕典礼就此结束，稍后进入第二环节进行分组讨论。

4. 本次会议至此全部结束。我们明年再见！祝各位一路顺风！

응용학습 2

1. 이것으로 '제32차 동양 및 동남아대회'의 4일간 일정을 모두 끝마치겠습니다.

2. 앞으로 주식회사 ○○가 향토 발전은 물론 문화 예술 발전에 더 많은 관심을 기울일 것을 다짐하면서 이것으로써 개막 행사를 모두 마치겠습니다.

3. 이상으로 '제32차 동양 및 동남아대회'의 폐막식 행사를 모두 마치며 마지막으로 폐회 선언 및 타종을 ○○○께서 해 주시겠습니다.

4. 이상으로써 4개국 지사 · 성장의 참여하에 치러진 '제1회 섬 관광정책 포럼' 창설 행사를 모두 마치겠습니다.

5. 여러분, 내년에 서울에서 다시 뵙기를 기원하며 이것으로 제1회 ○○대회를 마치겠습니다. 감사합니다.

6. 'We are serving brother'라는 주제를 내걸고 2008년 11월 8일부터 이곳 대한민국 서울에서 개최되었던 '제32차 동양 및 동남아대회'가 지난 3박 4일 동안의 순조로운 일정으로 많은 아쉬움을 남기면서 대단원의 막을 내리게 되었습니다.

1. 为期四天的"第32届东方及东南亚大会"就此结束所有日程。

2. 日后○○公司会对地区发展以及文化艺术发展方面予以更大的关注和支持。今天的开幕典礼就此结束。

3. "第32届东方及东南亚大会"开幕典礼就此结束，接着由筹备委员会○○○委员长宣布闭幕并敲钟。

4. 在四国知事、省长参与下进行的"第一届岛屿旅游政策论坛"创立大会就此全部结束。

5. 各位来宾！在此我宣布首届○○大会正式闭幕，我期待着明年在首尔与诸位重逢！谢谢！

6. 在“我们为人类服务”的主题之下，我们从2008年11月8日开始在韩国首都首尔举行了“第32届东方及东南亚大会”。如今，本届大会已圆满结束了为期四天的日程，并将隆重落下帷幕，实在令人感到依依不舍。

TIP

한국어에서 한문으로 구성된 사자성어나 관용 표현은 중국어 표현과 글자 배열 순서가 다른 경우가 많다. 예를 들면,

용두사미	龙头蛇尾(×)	虎头蛇尾(○)
2박 3일	两夜三天(×)	三天两夜(○)
현모양처	贤母良妻(×)	贤妻良母(○)

단어해설

관심과 심혈을 기울이다 予以关注和支持
대단원의 막을 내리다 隆重落下帷幕
타종 敲钟、鸣钟
향토 발전 社区发展
주제를 내걸고 以~为主题、在~主题下

23 유익한 회의였습니다
会议对我很有帮助

기본학습

1. 오늘 토론은 매우 진지하고 유익했습니다.
   今天的讨论非常热情，也很有帮助。

2. 양국 대표들은 오늘 회의를 통해 상호 이해의 폭을 넓혔다고 생각합니다.
   我相信，两国代表通过今天的会议增进了相互了解。

3. 오늘 하루는 자동차 산업을 위한 성과 있는 회의였다고 생각합니다.
   我相信，今天的会议在汽车产业方面取得了丰硕的成果。

응용학습 1

1. 각국 대표 여러분의 기탄없는 토의에 감사드립니다. 좋은 의견들이 많이 있었습니다.

2. 여러 가지 산업 정보의 교환을 강화시켜 나가자는 좋은 말씀을 해 주셨습니다.

3. 오늘 토론은 매우 진지하고 유익했습니다. 앞으로 양국 경제 발전에 많은 도움이 되리라 생각합니다.

4. 오전의 본회의는 여러 가지 유익하고 보람 있는 의견들이 진지하게 논의되었다고 생각합니다.

5. 지금까지 3국 화섬업계의 발전에 도움이 되는 말씀과 토의를 해 주셔서 유익한 회의가 되었다고 생각합니다.

1. 谢谢各国代表开诚布公地进行了讨论，提出很多宝贵的意见。

2. 大家都提出了很多宝贵意见，诸如“加强交换各种产业信息”等。

3. 今天的讨论非常热烈，对我们也很有帮助。相信对此后的两国经济发展也会产生深远的影响。

4. 在上午全体会议中，我们积极地交换了多方面的意见，其结果令人相当满意。

5. 各位为了三国化纤工业的发展提供了很多建议，进行了热烈的讨论，相信今天的会议对我们有很大的帮助。

응용학습 2

1. 비록 회의 시간이 짧아서 충분한 의견을 교환하지는 못했지만 앞으로 양국 실업인들이 이러한 모임을 계속한다면 보다 좋은 성과를 거둘 수 있으리라고 생각합니다.

2. 중국과 일본, 그리고 한국에서 오신 토론자들의 진지하고 정성어린 토의 내용은 세 나라 수도를 포함한 여러 대도시의 협력과 우호 증진에 크게 기여할 것이라고 봅니다.

3. 그간 우리 3국 화섬업계 회의는 해를 거듭할수록 진솔한 대화의 장으로 정착되면서 3국 업계 상호간의 협력 체제 강화와 발전에 크게 도움이 되었다고 생각합니다.

4. 저는 서울에서의 이번 회의를 통해 그 어느 때보다도 우호적인 분위기 속에서 실질적이고 상호 보완적인 토의가 진행되어 아시아 해운 협력 발전에 또 하나의 커다란 이정표를 세웠다고 자부하고 싶습니다.

5. 오늘 이 자리에서의 모임도 매우 뜻깊은 일이라 하겠습니다. 앞으로는 더욱 자주 만나서 긴밀한 협조와 협력을 바탕으로 세계 해운 시장에서 아시아 선주 포럼이 주도적인 역할을 할 수 있도록 다함께 노력합시다.

1. 由于会议时间仓促，而未能充分地交换意见，但如果今后两国企业界人士继续举办这种会议的话，相信会取得丰硕的成果。

2. 来自中国、日本和韩国的讨论者为我们进行了诚挚、诚恳的讨论，相信这对增进三国首都和大城市之间合作及友好关系会作出莫大的贡献。

3. 三国化纤业界会议每年都呈现出新的进展，已俨然成为三方坦诚交流的主要平台，对加强三方合作体系和发展，有很大的帮助。

4. 本人认为这次在首尔举行的会议，在无比融洽友好的氛围中，进行了有实质性又有互补性的讨论，这对亚洲海运合作的发展有里程碑的意义。本人对此感到非常自豪。

5. 今天大家能共聚一堂，是一件非常有意义的事。希望以后我们能够经常见面，以紧密合作为基础，在世界海运市场上，亚洲船东论坛能担任起领导的角色，更希望大家为此共同努力。

TIP

'수고'

보통 한국어로 '수고하셨습니다'는 '辛苦(你)了'라고 표현하지만 공식 석상에서 발표자나 토론자에게는 이와 같이 이야기하지 않고 '谢谢'라고 말한다. 그것은 존대를 해야 하는 대상에게 '수고하셨습니다'라고 하는 것이 옳지 않다는 사실과 일맥상통한다. '부탁드리겠습니다'도 '拜托'보다는 '麻烦你了'가 더 자연스럽다. 하지만 인사를 나눌 때 '잘 봐주세요'라는 뜻으로 쓸 경우는 '请多多关照' 혹은 '请多多照顾'가 더 적당하다.

단어해설

상호 이해의 폭을 넓히다　增进了解

진지하다　坦诚、诚挚

실업인　企业家

정성어린　诚挚、诚恳

우호 증진　增进友谊

기여하다　作出贡献

해를 거듭할수록　年复一年

상호 보완적　互补性

이정표를 세우다　树立里程碑

자부하다　感到自豪、引以为傲

긴밀하다　紧密

선주 포럼　船东论坛

24 오찬을 준비했습니다/만찬을 준비했습니다
准备了午宴/准备了晚宴

기본학습

1. 오찬을 준비했습니다.
   准备了午宴。

2. 만찬을 준비했습니다.
   准备了晚宴。

3. 오찬은 바로 옆방에 준비되어 있습니다.
   午宴就在旁边的大厅举行。

4. 이어서 지하 1층 선플라워룸에서 오찬이 있겠습니다.
   我们在地下一层向日葵厅准备了午餐。

5. 만찬장은 바로 위층에 준비되어 있습니다.
   晚宴就在楼上大厅举行。

응용학습 1

1. 국내외 귀빈들을 환영하기 위해 본 협회에서 특별히 오늘의 만찬을 준비했습니다.

2. 잠시 후 이 건물 12층에 있는 상의클럽에서 오찬회가 있겠습니다.

3. 오찬을 위해서 오후 1시 30분까지 정회를 선언합니다. 오후 발표는 1시 30분에 다시 시작하겠습니다.

1. 为了欢迎国内外嘉宾，协会特地准备了今天的晚宴。

2. 稍后将在本大楼12层商议俱乐部进行午餐会议。

3. 由于午餐时间已到，现在宣布停会。下午1点30分开始继续进行会议。

응용학습 2

1. 저희 아시아나항공은 이러한 여러분들의 노고에 조금이나마 보답하고자 오늘 이 귀중한 오찬 자리를 마련하게 되었습니다.

2. 바로 옆에 있는 샴페인룸에서 오찬을 하신 후, 오후 회의는 1시 30분부터 다시 속개하도록 하겠습니다. 수고들 많으셨습니다.

3. 다음은 오찬 시간입니다. 바로 옆방인 사파이어룸에 참석자 전원의 식사가 준비되어 있습니다.

4. 오찬은 저희 시가 준비했습니다. 한·중 8개 성·시·도 초청자께서는 신양파크 6층 드레곤룸에서 함께 식사를 해 주시고 일반 참가자께서는 본 회의장 옆인 신양홀에서 오찬을 해 주시면 감사하겠습니다.

5. 이어지는 시간은 만찬 시간이 되겠습니다. 오찬을 하셨던 사파이어룸에 자리가 마련되어 있습니다. 서로의 정을 나누는 유익한 시간이 되시기를 바랍니다.

6. 그리고 본 장소에서 19시부터 경축 만찬이 열리기 때문에 연회장 앞 로비에 칵테일 리셉션장이 준비되어 있습니다.

1. 韩亚航空为了酬谢各位，特别准备了今天的午宴。

2. 我们在隔壁的香槟厅准备了午餐。用餐后，从下午1点半继续开会。谢谢大家。

3. 接着是午餐时间。我们在隔壁青玉厅为全体与会人士准备了午餐。请各位尽情享用。

4. 我市为各位准备了午餐。中韩八个省市道的代表们请在新阳酒店6楼龙厅用餐。普通听众请在会场隔壁新阳厅用餐。

5. 接下来要举行晚宴，晚宴也在用过午餐的青玉厅举行。希望各位在晚宴时间与新朋老友互相交流，尽情享用美食。谢谢。

6. 从晚上7点开始在这里举行庆祝晚宴，所以在宴会厅前准备了鸡尾酒会。

TIP

요즘은 스마트한 세상이다. 사람과 사람 간의 소통이 원활해졌을 뿐만 아니라 국가간의 정보 교류도 점점 가속화되고 있다. 한국인들은 오래 전부터 일상 생활에서 빈번하게 외래어(영어)를 사용하고 있었지만, 중국어에는 그런 예가 거의 없었다. 중국인들은 외국의 콘텐츠나 문화를 받아들일 때 한자로 그 뜻과 의미를 완벽하게 전달하는 방식을 선호했다. 하지만 요즘 젊은 사람들 사이에서는 아이패드, 아이팟, 아이폰 등 스마트 단말기기의 표현 방식뿐만 아니라 많은 서비스들이 영어로 표현된다. 중국어 표현이 있어도 영어가 더 많이 사용되는 것이다.

단어해설

아시아나항공 韩亚航空
리셉션 欢迎会、招待会
노고에 보답하다 酬谢、聊表心意
경축 庆祝
칵테일 리셉션 鸡尾酒会

25 이후 일정에 대해 안내 말씀 드립니다

介绍一下接下来的日程安排

기본학습

1. 회의를 시작하기 전에 우선 회의 순서를 설명해 드리겠습니다.
   在进行会议之前，先说明一下会议顺序。

2. 이후 일정에 대해 안내 말씀 드립니다.
   介绍一下接下来的日程安排。

3. 내일의 일정 등은 유인물을 참고하시기 바랍니다.
   明天的日程等其他事项，请参考已发给各位的资料。

응용학습 1

1. 이어서 이 시간 이후의 행사 내용에 대해 간략히 소개해 드리겠습니다.

2. 회의 진행 순서는 대표단 여러분의 탁자 위에 배부되어 있으니 참고하시기 바랍니다.

3. 오늘 회의의 진행 순서는 각자의 탁자에 배부되어 있으니 일정표를 참고하시기 바랍니다.

4. 분과 회의가 끝나면 각자 휴식하신 후, 오후 5시 30분에 호텔 정문에서 대기중인 버스에 탑승해 주시기 바랍니다.

5. 공연 내용은 배부해 드린 프로그램의 설명서를 참조해 주시기 바랍니다.

1. 接下来为大家简单介绍下面的日程安排。

2. 会议议程放在各代表团的桌子上，请参考。

3. 今天的会议顺序请参考一下桌子上的日程表。

4. 分组讨论结束后，请先稍事休息。下午五点半，请各位搭乘饭店大门前的大巴。

5. 表演内容请参考发给各位的节目单。

응용학습 2

1. 회의를 시작하기 전에 우선 회의 순서를 설명드리겠습니다. 오늘 회의는 식전 행사와 각국 대표가 발표하는 패널 토의의 순서로 진행됩니다.

2. 오늘의 진행 순서는 대표단 인사 소개에 이어 본회의 취지 및 배경에 대한 회장님의 발표가 있은 후, 각국 대표 단장님들께서 주제 발표를 하시겠습니다.

3. 내일의 관광 안내와 산업 시찰에 대해 안내 말씀 드리겠습니다. 시내 관광을 하실 분은 오전 8시 30분에 호텔 정문에서 대기하는 관광버스를 이용하시면 되겠습니다. 산업 시찰은 오후 2시에 출발하며, 역시 정문에서 버스에 승차하시면 됩니다.

4. 마지막으로 한국 전통 무용 공연이 있겠습니다. 즐거운 시간 되시길 바랍니다.

5. 공연에 대해 안내 말씀 드리겠습니다. 행사가 끝난 후 약 1시간 동안 공연이 있습니다. 공연 내용은 한국의 전통문화 프로그램입니다. 즐거운 시간 되시길 바랍니다.

1. 在进行会议之前，先说明一下会议顺序。今天的会议先举行会前活动，再进行各国代表参加的小组讨论。

2. 今天的会议流程如下：首先简单介绍与会代表，接着介绍会议宗旨和背景，由会长先生发言。然后，再由各国代表团长做主题演讲。

3. 现在向大家说明一下明天的旅游安排及产业视察安排。要游览市区的人士请在上午8点30分搭乘饭店门口的旅游大巴。产业视察是下午2点出发，同样，请搭乘饭店门口的旅游大巴。

4. 最后，我们要观赏韩国传统舞蹈表演。希望各位喜欢。

5. 现在向大家说明一下演出节目。活动结束后，约有一个小时的韩国传统节目表演。希望大家喜欢。祝大家度过愉快的时光。

단어해설

일정표　日程表
유인물　资料
산업 시찰　产业视察
관광버스　旅游大巴

26 한 분도 빠짐없이 참석해 주십시오
请全体贵宾都参加

기본학습

1. 한 분도 빠짐없이 참석해 주십시오.
   请全体贵宾都参加。

2. 끝까지 자리를 함께해 주십시오.
   请不要中途退场。

3. 참석하셔서 자리를 빛내 주십시오.
   请各位参加，给大会增光。

응용학습 1

1. 양국 대표단 여러분께서는 빠짐없이 오찬회에 참석해 주시기 바랍니다.

2. 오후 6시 30분부터 이 장소에서 리셉션 및 만찬이 있사오니 대표단 모두 참석해 주시기 바랍니다.

3. 이어서 축하 리셉션이 준비되어 있으니 한 분도 빠짐없이 1층 리셉션 장소로 이동해 주시면 되겠습니다.

4. 저녁 6시에 옆방에서 환영 리셉션과 만찬이 있겠습니다. 회의 참석자 여러분들께서는 모두 참석하셔서 자리를 빛내 주시기 바랍니다.

1. 请两国代表团全体成员务必参加今天的午宴。

2. 下午6点30分起，就在这里举行欢迎会及晚宴。请所有代表团成员共进晚餐。

3. 接着我们准备了庆祝晚会。请每位与会人士到1楼的宴会厅。

4. 晚上6点在旁边的大厅举行欢迎会和晚宴。请全体与会人士务必参加。

응용학습 2

1. 마지막으로 만찬이 18시 30분에 바로 옆의 샴페인룸에서 있겠사오니 대표단 여러분께서는 모두 참석해 주시기 바랍니다.

2. 그리고 오늘 저녁 6시 30분에 오찬 장소에서 참가국간의 친목을 위한 부부 동반 만찬회가 있겠습니다. 모두 참석해 주시기 바랍니다.

3. 잠시 휴식 후 18시 30분부터 열리는 칵테일 파티에 한 분도 빠짐없이 참석해 주시기 바랍니다.

4. 오후 2시부터 회의를 속개할 예정이오니 1시 50분까지 입장해 주시고, 회의가 끝날 때까지 자리를 함께해 주십시오.

5. 이후 전시장 중앙에서 간단한 기념 리셉션이 있습니다. 다과를 드시면서 중국의 예술품에 대한 환담과 간단한 코멘트의 시간을 갖고자 하오니 참석하셔서 자리를 더욱 빛내 주시기 바랍니다.

1. 最后，从18点30分开始我们将在隔壁的香槟厅进行晚宴，恳请各位代表积极参与。

2. 另外，今天晚上6点半在午餐地点举行联谊晚会，请与会代表偕夫人一起参加。谢谢！

3. 休息一会儿后，我们将从6点半开始举行鸡尾酒会，欢迎每位贵宾光临。

4. 从下午2点开始继续开会，烦请在1点50分前准时入场，不要中途退场。

5. 稍后我们将在展览会场中央举行简单的欢迎会。我们边用茶点边谈中国的艺术品，同时也简单地予以评论。烦请各位参加，给大会增光。

단어해설

한 분도 빠짐없이 全体(贵宾)都……

칵테일 파티 酒会

다과 茶点

환담하다 交谈

27 즐거운 시간 되시기 바랍니다
祝各位度过愉快的时光

기본학습

1. 즐거운 시간 되시기 바랍니다.
   祝各位度过愉快的时光。

2. 오늘의 만찬을 마음껏 즐기십시오.
   请尽情享用今天的晚宴。

3. 여러분께 제주도가 좋은 인상으로 남기 바랍니다.
   希望济州岛给大家留下深刻的印象。

응용학습 1

1. 회의 기간 중에 여러분 모두 건강하시고 즐거운 시간 되시기 바랍니다.

2. 저희가 연회를 마련하였으니 모두 마음껏 즐기십시오.

3. 준비된 다과를 드시면서 남은 시간도 즐거운 시간 되시기 바랍니다.

4. 준비가 미진하더라도 널리 양해해 주시고 즐거운 시간 되시기 바랍니다.

5. 외국 대표들께서는 서울에서의 여정이 영원히 기억되도록 즐거운 시간 가지시기를 기원하겠습니다.

1. 会议期间，祝各位身体健康、心情愉快。

2. 我们准备了筵席，请大家尽情享用。

3. 请大家随意饮用茶点，尽情享受今天的宴会。

4. 若有不周之处，还请各位谅解。祝各位度过难忘的今宵。

5. 祝所有外国朋友在首尔期间愉快惬意，希望首尔能给各位留下美好的回忆。

TIP

'즐거운 시간 되시기 바랍니다'는 오찬뿐 아니라 만찬 안내 및 참가자를 위한 각종 행사를 소개하는 말미에 붙일 수 있는 유용한 표현이다. 그러므로 앞에 소개한 여러 상황에서의 표현법을 잘 익혀 두도록 한다.

단어해설

미진하다 有不周之处、意犹未尽

마음껏 尽情

여정 旅途

연회 宴席、晚(午)宴

28 건배 제의를 하겠습니다
我提议干杯

기본학습

1. 이제 건배를 하겠습니다.
   现在我提议：干杯。

2. 회장님께서 건배 제의를 해 주시겠습니다.
   有请会长先生致祝酒辞。

3. 제가 건배 제의를 하겠습니다.
   我提议干杯。

응용학습 1

1. 마지막으로 건배를 하겠습니다. 여러분, 잔을 준비해 주십시오.

2. 이제 건배를 하겠습니다. 여러분, 준비되셨습니까?

3. 회장님께 건배 제의를 부탁드립니다. 여러분 잔을 들고 일어서 주십시오.

4. 그럼 건배 제의를 하겠습니다. 여러분, 함께 외쳐 주시기 바랍니다.

5. 이제 건배를 하겠습니다. 모두 잔을 채워 주십시오.

1. 最后我提议：让我们举起酒杯。

2. 现在我提议：大家准备好了吗?

3. 有请会长先生致祝酒辞。请大家共同举杯起立。

4. 现在我提议，让我们一起大喊“干杯”。

5. 现在我提议：请大家把酒杯斟满。

응용학습 2

1. 참석하신 여러분의 건승과 행복을 기원하며 건배하겠습니다.

2. 여러분, 모두 잔을 들어 주십시오. 건배를 제의하겠습니다. 우리의 만남을 위하여 건배!

3. 그럼 건배 제의를 하겠습니다. 여러분, 함께 외쳐 주시기 바랍니다. 우리의 우정을 위하여 건배!

4. 내외 귀빈 여러분! 이 자리를 빛내 주신 주석 각하의 건승과 우리 양국 간의 영원한 우의와 발전을 위하여 다같이 축배의 잔을 들어 주시기 바랍니다. 감사합니다!

1. 请各位举杯并同我一起为所有在座的朋友们，身体健康、阖(合)家幸福，干杯!

2. 现在我提议：让我们举起手中的酒杯，为有缘相聚干杯。

3. 现在我提议议：让我们一起大喊,为了我们的友谊，干杯!

4. 各位来宾！为了敬祝主席阁下的身体健康，以及两国之间的长久友谊与发展，请大家一起来举杯祝贺。谢谢大家!

TIP

음주 문화만큼 그 민족 고유의 전통과 특색을 잘 보여주는 것도 드물다. 한국인들은 술자리에서 특히 엄한 예의범절을 요구한다. 일부 집안에서는 아이들이 성인이 될 무렵 주도를 가르치기도 한다. 중국도 나름의 술 문화가 있다. 특히 공식적인 술자리에서는 눈치 빠르고 점잖게 첨잔을 하거나 술을 권해야 한다.

중국인들은 '체면'이라는 것을 중요시한다. 술을 좋아하지만 스스로 마시지 못하는 어르신들에게는 아랫사람이 꼭 술을 먼저 권해야 하고, 마신 만큼 첨잔해야 한다. 윗사람들에게 술을 따를 때도 지위와 신분에 각별히 신경을 써야 한다. 가장 높은 직위에 있는 사람에게 먼저 술을 따라야 하고 적당한 인사말도 구사할 줄 알아야 한다. 분위기를 부드럽게 만들고 자신의 이미지를 좋게 구축할 수 있는 절호의 기회이기 때문이다. 하지만 서로 알고 지내는 사람들끼리 술을 마실 때는 자작하는 것이 일반적이다.

단어해설

건배 제의를 하다 提议干杯、举杯示意

외치다 喊

29 환대해 주셔서 감사합니다
感谢(您)热情地款待我们

기본학습

1. 우리 일행을 따뜻하게 맞아 주신 데 대해 감사드립니다.
   非常感谢(您/主办单位)热情地招待我们一行。

2. 우선 박원장님의 초청에 감사드립니다.
   首先感谢朴院长的盛情邀请。

3. 김회장님, 환대해 주셔서 감사합니다.
   金会长，谢谢您热情地款待我们。

4. 오랫동안 회의에 임해 주셔서 감사합니다.
   感谢各位长时间积极参与会议。

응용학습 1

1. 우리 대표단 일행을 따뜻하게 맞아 주신 데 대해 감사를 드리는 바입니다.

2. 오늘 이 회의의 개최를 위해 힘써 주신 회장님께도 진심으로 감사드립니다.

3. 김회장님, 우리를 한국에 초청하시고 환대해 주셔서 대단히 감사합니다.

4. 이 자리를 빌어 저희 대표단을 대표하여 주최 측의 뜨거운 성원에 감사드립니다.

> 1. 非常感谢您热情地招待我们代表团一行。
>
> 2. 我要向为了举办今天的会议而付出辛劳的会长先生表示衷心的感谢。
>
> 3. 金会长，谢谢您邀请我们访韩并热情地款待我们。
>
> 4. 本人谨借此机会代表我们代表团向主办单位表示由衷的谢意。

응용학습 2

1. 우리를 한국으로 초청해 주신 ○○○와 모든 편의를 제공해 주신 관계자 여러분께 진심으로 감사드립니다.

2. 오늘 귀중한 자리를 마련해 주신 속초시장님과 참석해 주신 각 도시 대표 단장님께 감사를 드립니다.

3. 본인은 저희 대표단을 대표하여 이번 회의를 위해 수고해 주신 주최 측에 감사의 말씀을 전합니다. 그리고 통역을 해 주신 두 분의 통역사에게도 감사를 드립니다.

4. 오늘 회의는 여러 대표단들의 진지한 발표와 열띤 토론으로 성공리에 마칠 수 있었습니다. 이 자리를 빌어 다시 한번 감사의 뜻을 표하는 바입니다.

5. 저는 먼저 대표단 여러분들의 적극적인 참여와 협조로 '제2차 아시아 선주 포럼 서울회의'를 훌륭하게 마칠 수 있게 된 것을 진심으로 감사드립니다.

1. 我向邀请和安排我们这次来韩国访问的○○○以及所有为我们提供过帮助的朋友们表示衷心的感谢。

2. 谨向主办今天会议的束草市长先生以及参加会议的各道市代表团团长深表谢意。

3. 本人谨代表我代表团向为准备此次大会辛苦工作的主办单位致以诚挚的谢意。同时也谢谢在幕后为我们做翻译的两位口译员。

4. 由于各位代表团成员热情的发言和讨论，今天的会议得以圆满结束。本人谨借此机会再一次表示深深的谢意。

5. 由于各位代表团成员积极的参与和合作，使得“第二届亚洲船东论坛首尔会议”能够圆满落幕，本人谨借此机会向大家致以诚挚的谢意。

TIP

한국어의 '감사합니다, 고맙습니다'와 '감사하겠습니다, 고맙겠습니다'는 구분해서 통역해야 한다. 후자의 표현은 '~해 주시기 바랍니다'의 뜻이므로 '请'의 표현을 써야 하는 것이다.

단어해설

환대하다　款待
초청하다　邀请
성원　支持、鼓励
속초　束草
선주　船东

30 선물 교환 및 기념 촬영이 있겠습니다
现在是互相交换礼物及合影留念的环节

기본학습

1. 회의를 마친 후 기념 촬영이 있겠습니다.
   会议结束后要合影留念。

2. 지금부터 기념품 증정이 있겠습니다.
   现在要赠送纪念品。

3. 선물 교환 및 기념 촬영이 있겠습니다.
   现在是互相交换礼物及合影留念的环节。

4. 약소하지만 기념품을 준비했습니다.
   我们为大家准备了一点儿礼物，小小心意，不成敬意。

응용학습 1

1. 회의를 마친 후 기념 촬영이 있겠습니다. 각국 대표단 여러분께서는 한 분도 빠짐없이 앞으로 나와 주시기 바랍니다.

2. 오늘 회의에 참석하신 여러분들께 드릴 작은 기념품을 준비했으니 받아 가시기 바랍니다.

3. 잠시 후 기자회견이 있겠습니다. 각국 회장단께서는 옆에 있는 홀로 가 주시기 바랍니다.

1. 会议结束后要合影留念。请各国代表团成员到前面来。

2. 我们为大家准备了一点儿小礼物，请各位收下，留做纪念。

3. 稍后将举行记者招待会，请各国会长团成员到隔壁大厅。

응용학습 2

1. 자리를 떠나시기 전에 기념 촬영이 있겠습니다. 바로 회의장내 단상 앞에서 기념 촬영을 하겠습니다. 모두 참석해 주시기 바랍니다.

2. 그럼 지금부터 기념품 증정이 있겠습니다. 본 협회 회장님께서 특별히 기념품을 준비하셨습니다. 방문단 단장님 및 단원들 모두에게 하나씩 드리겠습니다. 작지만 받아 주십시오.

3. 중국 측에서도 기념품을 증정하겠습니다. 단장님이 특별히 회장님께 드리는 선물이 있습니다. 이것은 중국 남부 지방의 유명한 자수 공예품입니다. 마음에 드시기를 바랍니다.

4. 잠시 후 은하수홀에서 3국 회장단의 기자회견이 있습니다. 3국 회장단께서는 11층으로 올라가 주시기 바랍니다.

1. 在离席之前我们要合影留念，就在会议场内台前，请每位与会者都参加。谢谢。

2. 那么，现在要赠送纪念品。本协会会长特别准备了纪念品，赠送给访问团团长及每位团员。礼物虽小，情谊深，请各位笑纳！

3. 中方也要赠送纪念品。我们团长特别准备了送给会长的礼物。这是中国南方出产的著名刺绣手工艺品，希望您喜欢。

4. 稍后从5点开始要在11楼的银河水厅召开三国会长团记者招待会，请三国会长团到11楼去。

단어해설

기념 촬영　纪念留影、摄影留念、合影留念

기념품 증정　赠送纪念品

선물 교환　交换礼物

자수 공예품　刺绣手工艺品

대기중　备好

II부

인사말

1 시작하는 말

1. 中翻韩

연습 1

今天，我应邀来韩国著名的梨花女子大学同各位见面，并作《今日中国和中韩关系》的演讲，感到十分高兴。我首先要向校长表示感谢，向各位同学致意。我希望我的讲演能有助于各位加深对中国的了解。

오늘 명문 이화여자대학교의 초청으로 이렇게 여러분들을 만나 〈오늘의 중국과 한·중 관계〉라는 제목으로 연설하게 되어 매우 기쁩니다. 우선 총장님께 감사드리며 학생 여러분들께도 감사드립니다. 제 강연이 여러분들께서 중국을 이해하시는 데 도움이 되기를 바랍니다.

연습 2

主席先生，各位代表，女士们、先生们:

我很高兴今天有机会和与会的各国和地区负责航运事务的同

仁们再次聚集一堂，就大家共同关心的航运问题交换意见。下面我就中国的有关情况作一介绍。

의장 각하, 대표 여러분, 그리고 신사 숙녀 여러분!

오늘 각국 해운 관계자 여러분들과 다시 한자리에 모여 공동 관심사인 해운 문제에 관해 의견을 나눌 수 있게 된 것을 정말 기쁘게 생각합니다. 그럼 중국의 관련 상황에 대해 소개해 드리겠습니다.

연습 3

尊敬的○○○次官，尊敬的○○○院长，女士们、先生们：

继今年4月7日在北京成立《中韩新材料合作中心》后，今天我又应邀来韩出席《中韩新材料合作中心》成立典礼并发表祝词，感到十分高兴。首先，请允许我代表中国国家科委对《中韩新材料合作中心》的成立表示衷心祝贺。

존경하는 ○○○ 차관님, ○○○ 원장님, 그리고 신사 숙녀 여러분!

지난 4월 7일 북경에서 '한·중 신소재 협력센터'가 문을 연 데 이어 오늘 또 한국 측 초청으로 '한·중 신소재 협력센터' 개소식에 참석해 축사를 하게 된 것을 무한한 영광으로 생각합니다. 우선 중국 국가과학위원회를 대표해 '한·중 신소재 협력센터' 설립을 진심으로 축하드립니다.

연습 4

尊敬的○○○先生,○○○博士,女士们,先生们:

盛夏时节,我们来到韩国名胜古都庆州参加《第五届中韩经济知识交流国际研讨会》,首先我代表全体中方与会人员对本次会议的召开表示热烈祝贺!并向盛情款待我们一行的东道主韩国亚太经济研究院○○○院长及各位所付出的努力表示衷心的感谢!

존경하는 ○○○ 선생님, ○○○ 박사님, 그리고 신사 숙녀 여러분!

무더운 여름, 한국의 고도 경주에서 열리는 '제5차 한·중 경제지식 교류 국제 심포지엄'에 참가하게 된 것을 기쁘게 생각하며 우선 중국 측 참석자 전원을 대표해 진심으로 축하의 말씀을 드립니다. 아울러 주최 측 한국 아태경제연구원 ○○○ 원장님과 관계자 여러분의 노고에 진심으로 감사드립니다.

연습 5

各位女士,各位先生:

今天,我们将要在釜山这座黄海之滨的美丽城市举行《第二届黄海有用水产资源增养殖现况及问题》的科学家研究会,我作为大会邀请的客人首先对这次会议表示热烈的祝贺。同时向会议的主办单位海外渔业协力财团,向会议的主管单位水产振兴院表示诚挚的谢意。

신사 숙녀 여러분 !

오늘 우리는 황해에 접한 아름다운 도시 부산에서 〈제2회 황해 유용 수산자원 증양식 현황과 문제〉라는 주제를 갖고 과학자 연구회를 개최하게 되었습니다. 본인은 회의에 초청된 손님으로서 우선 이번 회의 개최를 진심으로 축하드립니다.

아울러 회의 주최 측인 해외어업협력재단과 회의를 주관하신 수산진흥원에 심심한 감사의 말씀을 전합니다.

연습 6

各位来宾,女士们、先生们:

中国中西部投资与开发研讨会，在中国中央政府的支持下，在海外企业家、金融家、专家及许多知名人士的协助下，将与今年11月19日-22日在湖北省召开。我想借此机会向来宾们就组织召开此次投资与开发研讨会的目的及有关情况作一介绍。

내빈 여러분, 그리고 신사 숙녀 여러분!

중국 중서부 투자 개발 세미나가 중국 중앙정부의 지원과 해외 기업인, 금융 전문가 및 수많은 저명 인사분들의 협조로 금년 11월 19일부터 22일까지 후베이성에서 개최됩니다. 이 자리를 빌어 내빈 여러분께 이번 투자 개발 세미나 개최 목적과 배경에 대해 소개해 드리고자 합니다.

연습 7

女士们,先生们:

应韩国交通开发研究院○○○院长的邀请,我们中国国家计委综合运输研究所一行六人,有幸出席《中韩交通发展问题国际研究会》,这是一次与韩国朋友相互交流,加深了解的难得机会。在此,谨向韩国交通开发研究院,○○○院长及会议的组织者致以衷心的感谢!

신사 숙녀 여러분!

한국교통개발연구원 ○○○ 원장님의 초청으로 우리 중국 국가계획위원회 종합운수연구소 일행 여섯 명이 '한·중 교통개발 문제에 관한 국제 심포지엄'에 참석할 수 있게 되었습니다. 한국 친구들과 교류하고 이해를 넓힐 수 있는 소중한 기회라 생각됩니다. 이 자리를 빌어 한국교통개발연구원 ○○○ 원장님과 회의 관계자 여러분께 심심한 감사의 말씀을 올립니다.

연습 8

尊敬的各位知事、省长,女士们、先生们:

今天,我很荣幸地参加由韩国济州道、中国海南省、日本冲绳县和印尼巴厘州共同发起举行的第一届岛屿观光政策论坛创立大会。我谨代表中华人民共和国海南省人民政府向大会的召开表示热烈的祝贺! 对韩国济州道政府为组织和筹备此次会议所作出的努力表示衷心的感谢!

존경하는 지사·성장님, 그리고 신사 숙녀 여러분!

오늘 한국 제주도, 중국 하이난성, 일본 오키나와현, 그리고 인도네시아 발리주가 공동 개최하는 제1회 섬 관광 정책 포럼 창설 행사에 참석하게 된 것을 영광으로 생각하며 중화인민공화국 하이난성 정부를 대표해 진심으로 축하의 말씀을 드립니다. 그리고 이번 회의 준비를 위해 애써 주신 제주도 측에도 진심으로 감사드립니다.

연습 9

尊敬的日本经团联代表团团长○○○先生, 尊敬的韩国经济人联合会代表团团长○○○先生, 尊敬的各位在座的日本、韩国和中国企业家, 尊敬的各位嘉宾, 女士们、先生们:

由中华全国工商业联合会、日本经济团体联合会、韩国经济人联合会共同举办的中日韩企业家恳谈会今天在这里隆重召开了, 我代表中华全国工商业联合会对会议的召开表示热烈的祝贺, 对在座的三国企业家和各位嘉宾的光临表示热烈的欢迎。

존경하는 일본경단련 대표단 ○○○ 단장님, 한국경제인연합회 대표단 ○○○ 단장님, 자리하신 일본·한국·중국 기업인 여러분, 귀빈 여러분, 그리고 신사 숙녀 여러분!

중화전국상공업연합회, 일본경제단체연합회, 한국경제인연합회가 공동으로 주최하는 한·중·일 3국 기업인 간담회의 성대한 개막에 즈음하여 중화전국상공업연합회를 대표해 진심으로 축하의 말씀을 드립니다. 그리고 자리하신 3국 기업인과 귀빈 여러분께도 진심으로 환영의 뜻을 전합니다.

연습 10

尊敬的○○○市长,尊敬的○○○市长,女士们、先生们:

首先，值木浦开港100周年大庆的日子，请允许我代表连云港市430万市民，并以我个人的名义向木浦市政府及木浦市人民致以节日的祝贺。祝木浦市繁荣昌盛，祝贵我两市友谊长存。

继与市长先生去年年底在连云港市会面，我很高兴久别之后，在此重逢。我也很荣幸地认识别府市市长○○○先生,虽然我没有去过别府市，但久闻贵市是日本著名的温泉之乡，风景非常秀丽。木浦市的大庆使我们三市市长有机会代表三市市民坐在这里共商发展大计，促进共同繁荣，这是三市的幸事。

존경하는 ○○○ 시장님, ○○○ 시장님, 그리고 신사 숙녀 여러분!

우선 목포 개항 100주년 기념일을 맞이하여 연운항 430만 시민을 대표해 목포시 정부와 목포 시민들께 축하의 말씀을 드립니다. 목포시의 무궁한 번영과 두 시(市)간의 우정이 영원하기를 바랍니다.

시장님과는 작년 말 연운항에서 만나 뵌 후 다시 뵙게 되어 매우 반갑습니다. 아울러 벳부시 ○○○ 시장님을 알게 된 것도 영광입니다. 비록 벳부에 가보지는 못했지만 일본에서 유명한 온천 도시로 경관이 수려하다는 말은 익히 들어 알고 있습니다. 목포시 기념일을 계기로 세 시의 시장들이 각각 시민을 대표해 한자리에 모여 공동 번영을 모색한다는 것은 매우 다행스러운 일이라 할 것입니다.

2. 韩翻中

연습 1

신사·숙녀 여러분, 안녕하십니까?

우선 주최 측을 대표하여 귀빈 여러분께서 이번 회의에 참석하신 것을 진심으로 환영하는 바입니다.

女士们，先生们，大家好：

本人谨代表主办单位热烈欢迎各位来宾参加比次会议。

연습 2

오늘 주식회사 ○○이 주최하는 '제6차 국제 경제 심포지엄'에서, 세계적으로 저명한 석학들과 지역 경제인 여러분을 모시고 축하의 말씀을 드리게 된 것을 매우 기쁘게 생각합니다.

今天株式会社○○所主办的《第六届国际经济研讨会》,有幸邀请到驰名世界的硕学者和地区经济专家, 本人能向各位致贺词, 感到非常荣幸。

연습 3

존경하는 ○○○ 소장님 그리고 중국 측 대표 여러분!

'제5차 한·중 國際問題學術會議'에 참석하기 위해 이곳 서울까지 어려운 걸음을 해 주신 데 대해 깊은 감사의 말씀을 드립니다.

尊敬的○○○所长, 尊敬的各位中国代表:

感谢大家不远千里, 前来首尔参加《第五届中韩国际问题学术会议》, 谨借此机会向各位表示最高的谢意。

연습 4

존경하는 대만 인조화섬제조공업 동업공회 회장님, 일본 화학섬유 협회 회장님, 그리고 이 자리에 참석하신 3국 화섬업계 대표 여러분, 개회에 즈음하여 본인이 한국 화섬업계를 대표하여 인사 말씀을 드리게 된 것을 기쁘게 생각합니다.

尊敬的台湾人造纤维制造工业同业公会会长, 日本纤维协会会长, 以及台、日、韩化纤业界代表诸位:

本人今天能够代表韩国化纤业界在开幕典礼上致词, 感到非幸荣幸。

연습 5

존경하는 ○○○ 제주 지사님과 우리나라를 찾아 주신 귀빈 여러분! 그리고 이 자리에 참석하여 주신 관광인 여러분!

동아시아 · 태평양 4개 섬 관광산업의 진흥 · 발전을 위한 공동 협의체인 '섬 관광정책 포럼'의 창설을 진심으로 축하드립니다.

尊敬的○○○济州道知事和访问韩国的各位贵宾, 尊敬的在座旅游界人士:

今天，本着振兴和发展东亚、太平洋四岛观光产业而创立了《岛屿观光政策论坛》这一合作平台，在这里本人谨致最诚挚的祝贺。

연습 6

존경하는 ○○○ 총리 각하, 그리고 내외 귀빈 여러분,

본인은 오늘 한국 상공인을 대표하여, ○○○ 총리 각하의 방한을 충심으로 환영하며, 바쁘신 일정에도 불구하고 귀중한 시간을 할애하시어 저희 상공인과 자리를 함께해 주신 데 대해 깊은 감사의 말씀을 드리는 바입니다.

尊敬的○○○总理阁下, 以及各位贵宾:

今天, 本人谨代表韩国工商界人士, 衷心欢迎○○○总理访问韩国。感谢总理在百忙之中还抽出宝贵的时间来与我们工商界人士共聚一堂, 谨藉此机会向您表示最深切的谢意。

연습 7

존경하는 중국 인민외교학회 회장님, 외교학원 원장님, 중국 방문단과 이 자리에 참석하신 국내 각계 분야의 귀빈 여러분!

먼저, 오늘 중국에서 우리나라를 방문한 ○○○ 회장님을 비롯한 방한 대표단 여러분을 진심으로 환영하며, 여러분을 모시고 만찬을 개최하게 된 것을 커다란 영광으로 생각합니다.

尊敬的中国人民外交学会会长, 外交学院院长, 中国访问团, 以及在座的国内各界贵宾!

首先衷心欢迎不远千里来韩国访问的○○○会长以及访韩代表团各位, 能够邀请各位共进晚餐, 感到万分荣幸。

연습 8

존경하는 ○○○ 중화인민공화국 국가주석 각하! 그리고 내외 귀빈 여러분!

저는 먼저 한국 상공업계를 대표하여 ○○○ 주석 각하의 한국 방문을 충심으로 환영합니다. 아울러 태고의 신비와 아름다움으로 가득 찬 한국 최남단의 섬 이곳 제주도에서 주석 각하를 모시고 만찬의 기회를 갖게 된 것을 매우 뜻깊고 영광스럽게 생각합니다.

尊敬的中华人民共和国○○○国家主席阁下以及各位贵宾:

今天本人谨代表韩国工商界人士, 衷心欢迎○○○主席阁下访问韩国。能够在位于韩国最南端且充满太古之神秘与秀美的岛屿-济州岛,有机会邀请主席阁下共进晚餐,感到意义非凡,荣幸无比。

연습 9

존경하는 ○○○ 해양수산부 장관님, 내외 귀빈, 그리고 국제 세미나 참석자 여러분!

제2회 바다의 날을 맞이하여 〈環黃·渤海圈 經濟協力 展望과 光陽港의 활성화 방안〉을 주제로 광양시와 한국컨테이너부두공단이 공동 주최하고 해양수산개발원이 주관하는 국제 세미나에서 본인이 개회사를 하게 된 것을 진심으로 기쁘게 생각합니다. 아울러 이 세미나에 참석해 주신 국내외 귀빈 여러분에게 감사를 표하고 특히 중국에서 참석해 주신 해운·항만 관계자 여러분께도 진심으로 환영의 뜻을 표하는 바입니다.

尊敬的海洋水产部部长○○○先生,尊敬的各位贵宾:

欣逢第二届海洋日, 以'环黄、渤海圈经济合作前景与光阳港的发展计划'为主题, 由光阳市和韩国集装箱码头工团共同主办, 并由海洋水产开发院承办的这次国际研讨会上, 本人能在此致开幕词, 感到非常高兴。同时, 非常感谢与会的国内外贵宾, 尤其是来自中国的航运业人士, 再一次向大家表示热烈欢迎!

연습 10

존경하는 중국 회장님, 일본 회장님, 그리고 이 자리에 참석하신 3국 화섬업계 대표자 여러분!

오늘, 옛 신라 왕국의 역사가 살아 숨쉬는 이곳 고도 경주에서 '제15차 한·중·일 3국 화섬업계 회의'를 개최함에 즈음하여 본인이 한국 화섬업계를 대표하여 인사 말씀을 드리게 된 것을 매우 영광스럽게 생각합니다. 아울러 3국 화섬업계 대표자 여러분들을 진심으로 환영하는 바입니다. 그간 우리 3국 화섬업계 회의는 회를 거듭할수록 진솔한 대화의 장으로 정착되어 가면서 3국 업계 상호간의 협력 체제 강화와 발전에 크게 도움이 되었다고 생각합니다.

尊敬的中国会长, 日本会长, 以及中、日、韩三国化纤业界代表诸位:

今天,在历史悠久的新罗王国古都庆州召开《第十五届中、日、韩三国化纤业界会议》, 本人能够代表韩国化纤业界在开幕典礼上致词, 感到非常荣幸, 并且衷心地欢迎三国化纤业界代表访韩。三国化纤业界会议一年比一年更加坦诚, 更加规范, 获得了很大的成就, 对加强和发展三国业界合作体制,做出了突出的贡献。

2 마치는 말

1. 中翻韩

연습 1

祝第一届岛屿观光政策论坛创立大会圆满成功! 谢谢大家!

이번 섬 관광 정책 포럼 창설 행사의 성공적 개최를 기원합니다. 감사합니다.

연습 2

预祝大会圆满成功, 预祝这项开拓性的事业发展, 繁荣。谢谢大家!

회의의 성공적 개최를 기원하며 이 선구적 사업의 지속적인 발전을 축원합니다. 감사합니다.

연습 3

最后，我衷心地希望三市携起手来，加强合作、发展友谊、共创美好的未来。谢谢!

마지막으로 우리 함께 손잡고 협력하여 아름다운 미래를 창조합시다. 감사합니다.

연습 4

再一次谢谢主办国的热情和周到的招待，预祝大会圆满成功，代表们收获丰富，身体健康，事事如意，谢谢各位。

다시 한번 주최 측의 따뜻하고 세심한 배려에 감사드리며 회의의 성공적인 개최와 풍성한 결실을 거두시기를 바랍니다. 아울러 여러분의 건승과 번영을 기원합니다. 감사합니다.

연습 5

我相信，通过与会代表的共同努力，第五届中韩经济知识交流会庆州年会一定能取得圆满成功。最后，预祝大会圆满成功，祝大家身体健康。

참석자들 공동의 노력으로 제5차 한·중 경제지식 교류 국제 심포지엄 경주회의가 성황리에 끝나리라는 것을 믿어 의심치 않습니다. 끝으로 성공적 개최를 축원하며 여러분의 건승을 기원합니다.

연습 6

作为主办讨论会的中方代表，我热烈欢迎各位学者的光临！愿这次讨论会对促进各国文化学术的交流和东方传统文化的研究、发展起到积极作用。谢谢！

토론회를 개최한 중국 측 대표로서 여러 학자분들의 방문을 진심으로 환영합니다. 이번 토론회가 각국간 문화 학술 교류와 동양 전통문화 연구 발전에 크게 기여하기를 바랍니다. 감사합니다.

연습 7

借此机会，我衷心祝愿韩中新材料合作中心在韩国科技部和韩国科学技术研究院的领导关心下，不断发展，早出成果，促进两国经济发展并造福人类。谢谢各位!

이 자리를 빌어 한·중 신소재 협력센터가 한국과기부와 한국과학기술원의 관심 속에 끊임없이 발전하여 양국 경제 발전과 인류 복지 향상에 기여하기를 바랍니다. 감사합니다.

연습 8

朋友们，中日韩企业家恳谈会的举行，是我们三个组织间合作的良好开端，也是三国企业界的一次盛会，衷心希望会议取得圆满成功，祝在座的各位日本和韩国企业界朋友在中国旅途愉快，身体健康。谢谢大家!

여러분, 한·중·일 기업인 간담회 개최는 세 단체간 협력의 좋은 출발이며 3국 기업계간의 성대한 잔치라 할 수 있습니다. 이번 회의의 성공적 개최를 진심으로 기원하며 자리하신 일본과 한국 기업계 여러분의 중국에서의 여정이 즐거우시기를 바랍니다. 건강하십시오. 감사합니다.

연습 9

在今天的研讨会上，我们负责经济的○○○先生将向各位介绍中国的投资环境和吸引外资的政策。由于他对这一问题作过系统研究，我相信，他的介绍将对希望去中国投资的韩国朋友有很大的帮助。最后，我预祝今天的研讨会取得圆满成功。谢谢各位!

오늘 세미나에서는 경제 분야를 책임진 ○○○ 선생님께서 여러분들께 중국의 투자 환경과 외자 유치 정책에 대해 소개해 드릴 것입니다. 이 문제를 체계적으로 연구하고 계시기 때문에 앞으로 중국에 투자하려는 한국 기업인들에게 큰 도움이 될 것입니다. 끝으로 오늘의 세미나가 성공리에 끝나기를 바랍니다. 감사합니다.

연습 10

总之，我相信，本次中国中西部投资与开发研讨会，加之同时举办的项目展示活动，定会让海外投资者获得一个全面了解中国中西部，特别是了解湖北省的机会。韩国的不少企业已与湖北开展了成功的经济技术合作。我诚挚地希望更多的韩国企业家、投资者来到中国。谢谢大家!

끝으로 이번 중국 중서부 투자 개발 세미나와 아울러 개최되는 전시회가 해외 투자자들이 중국의 중서부를 이해하고 특히 후베이성을 알 수 있는 기회가 될 것이라 확신합니다. 한국의 많은 기업들이 이미 후베이성과 성공적인 경제 기술 협력을 전개하고 있습니다. 앞으로 더 많은 한국 기업인과 투자자들의 중국 방문을 진심으로 기원합니다. 감사합니다.

2. 韩翻中

연습 1

모쪼록 이번 심포지엄이 알찬 성과를 거두는 동시에, 이것이 계기가 되어 앞으로도 공동의 관심사를 폭넓게 논의함으로써, 지역 경제 발전에 기여할 수 있게 되기를 바랍니다. 감사합니다.

总之，希望这次研讨会能够取得丰硕的成果，同时，也希望以此为契机，日后共同广泛讨论双方关切的事项，期待在发展区域经济上能作出很大的贡献。

연습 2

이번 회의 결과가 밑거름이 되어 명년에 중국에서 다시 만나 더욱 진지한 협의와 상호우의가 다져지기를 바랍니다. 남은 체류 기간에도 몸 건강히 우리나라의 증양식 시설과 기술 진전 상황을 둘러보시고 안녕히 귀국하십시오. 감사합니다.

希望这次会议成果能够为明年在北京召开的会议奠定基础，促使两国达成更紧密的合作，增进双方的友谊。在剩下的访韩期间，祝各位带着愉悦的心情参观韩国增养殖设施和技术发展情况，并祝各位回国路程一帆顺风。谢谢!

연습 3

모쪼록 금번 회의에서도 공동의 주요 현안에 대한 3국 대표자 여러분들의 고견을 기대하며, 아울러 금번 제15차 경주회의가 여러분 모두에게 생산적이고도 상호 이익 증대에 기여하는 유익한 회의가 되기를 진심으로 바라 마지않습니다. 감사합니다.

最后，期待在此次会议上，三国代表对共同面临的主要问题发表高见，更期望此次在庆州举行的第十五届会议，能给各位带来丰硕的成果，并对三国业界的共同利益也产生积极的影响。谢谢。

연습 4

아무쪼록 한국에 계시는 동안 편안한 시간 되시기 바라며, 양국의 상호 이해 증진과 교류 활성화를 위해 많은 성과를 거두시기를 기대해 마지않습니다. 오늘 이 자리를 빛내 주시기 위해 찾아오신 국내 여러 귀빈께도 감사드리며, 즐거운 저녁 시간 되시기 바랍니다. 감사합니다.

最后，希望各位在韩国的日子里愉快如意，并期待在增进两国国民相互之间的了解与交流方面，能有硕大成果。也谢谢国内各位贵宾，祝大家度过愉快的晚餐时间，谢谢。

연습 5

이번 회의가 같은 배를 탄 동지로서 우리 3국의 화섬 산업이 지속적으로 발전하는 데 또 하나의 중요한 디딤돌이 되기를 바라 마지않습니다. 끝으로 3국 화섬업계 대표 여러분의 건강과 행복을 기원하며,

또한 오늘 회의 준비를 위한 일본 화섬협회 여러분의 노고에 사의를 표합니다. 감사합니다.

本人热切盼望此次会议成为三国化纤产业同舟共济、持续发展的另一个重要契机。

最后，谨祝三国化纤业界各位代表身体健康、心情愉快。并向不辞辛劳筹备本届会议的日本化纤协会人士，表示由衷的谢意。谢谢各位。

연습 6

이번 포럼이 관광 섬들의 친선 교류의 장이 됨은 물론 향후에는 세계 도서 지방 정부가 모두 참여하는 세계 관광인들의 축제의 장이 되기를 진심으로 바랍니다. 끝으로 이번 행사를 준비하느라 애쓰신 행사 관계자 여러분의 노고를 치하하며 귀빈 여러분들이 한국에 머무는 동안 유익하고 보람있는 한국 방문이 되기를 기원합니다. 감사합니다.

希望此次论坛能够成为观光岛屿间亲善交流的机会，更期望日后能成为世界城市、地方政府都参与的世界旅游人士的庆典。最后，特别感谢为筹备此次会议不辞劳苦工作的有关人士，并祝愿各位贵宾在韩期间一切顺利，愉快。谢谢!

연습 7

끝으로, 총리 각하의 한국 방문을 다시 한번 환영하며, 아무쪼록 이번 방한이 중화인민공화국과 대한민국 두 나라 간의 전통적인 우호관계를 보다 확대 · 심화시키는 계기가 되어 양국의 무궁한 번영과 발전으로 이어지기를 기원합니다.

내외 귀빈 여러분! ○○○ 총리 각하의 건승과 우리 양국간의 영원한 우의를 위하여 다같이 축배를 들어 주시기 바랍니다. 대단히 감사합니다.

最后，再次欢迎总理访问韩国，并期待这次的访韩更能巩固和加强中华人民共和国与大韩民国两国之间的传统友好关系，并祈祷两国的国运昌隆。各位贵宾! 为了敬祝○○○总理阁下的身体健康以及两国之间永久不渝的友谊，请大家一起来举杯祝贺。谢谢大家。

연습 8

마지막으로 본 국제 세미나를 준비하느라 열과 성을 아끼지 않은 관계자 여러분, 좋은 내용의 발표와 토론을 해 주실 발표자와 토론자 및 참석자 여러분께 깊은 감사를 드립니다. 그리고 이 자리를 빛내 주기 위해 외국에서 참석해 주신 분들께도 짧은 시간이기는 하지만 광양과 한국의 풍요로운 정취와 인정을 흠뻑 느끼는 좋은 기회가 되시기를 진심으로 기원하는 바입니다. 감사합니다.

最后，谢谢为准备这次国际会议付出努力的主办单位，还感谢为此大会准备发表论文并进行讨论的专家及其他与会人士，更感谢外国嘉宾千里迢迢赶来韩国。虽然访韩期间很短，但希望各位尽情享受充满情趣和人情味的光阳市和韩国。谢谢!

연습 9

오늘 한·중·일 세 나라의 석학들이 한자리에 모여 상호 학술 토론회가 진지하게 이루어지고, 양국간의 경험과 지식을 교환하는 토론의 장이 되어 소기의 목적을 달성할 수 있기를 간절히 기대하면서 주최측에 다시 한번 깊은 감사를 드립니다.

끝으로 이 자리에 참석해 주신 각계 지도자 여러분의 가정과 앞날에 무궁한 발전과 영광이 함께하시기를 기원하면서 격려사에 갈음합니다. 감사합니다.

今天中日韩三国硕学者能共聚一堂，诚挚地进行学术讨论会，互相交流双方的经验与知识，期望能达成我们所预期的目的，并再一次向主办单位致最高的谢意。最后，恭祝与会的各界代表阖家平安，鸿图大展，谢谢大家!

연습 10

끝으로 주석 각하의 한국 방문을 다시 한번 환영하며, 아무쪼록 이번 방한이 중화인민공화국과 대한민국 두 나라 간의 전통적인 우호관계를 한층 확대, 심화시키는 기폭제가 되어 양국의 무궁한 발전과 번영으로 이어지기를 기원합니다.

내외 귀빈 여러분! 이 자리를 빛내 주신 ○○○ 주석 각하의 건승과 우리 양국간의 영원한 우의와 발전을 위하여 다같이 축배의 잔을 들어주시기 바랍니다. 감사합니다.

最后，再次欢迎主席访问韩国，并期待这次的访韩成为进一步扩大和加深中华人民共和国与大韩民国两国之间传统友好关系的契机，并祝愿两国国运昌盛，无限繁荣。

各位贵宾！为了敬祝使这一晚宴更为生辉的○○○主席阁下的健康，以及两国之间永久不渝的友谊与发展，请大家一起来举杯祝贺。谢谢大家。

III부

통역의 실제

1 中翻韩

실전 1

女士们、先生们:

值此《环东海圈观光促进协议会》召开之际，我谨代表吉林省旅游界的同仁，以及中国吉林省代表团全体成员，对这次会议的召开表示热烈的祝贺!

随着世界旅游业的迅速发展，世界旅游的热点，已经逐步由欧美转向亚洲太平洋地区，近年来，中国政府加大了对长吉图地区的开发和建设，促进了东北亚及环东海地区旅游业的发展。

通过环东海圈观光促进协议会的召开，以及我们四国地方旅游界的真诚合作与共同努力，我们深信，环东海圈的旅游业将以新的面貌迎接世界游客!

预祝本次会议圆满成功! 谢谢各位!

신사 숙녀 여러분!

'환동해권 관광촉진협의회'의 개최에 즈음하여 지린성 관광 관계자와 중국 지린성 대표단 전원을 대표해 이번 회의의 개최를 진심으로 축하드리는 바입니다.

세계 관광업이 신속히 발전함에 따라 세계적인 관광 명소들이 이미 구미 지역에서 아태 지역으로 옮겨 오고 있습니다. 이에 최근 중국 정부는 창지투(창춘·지린·투먼) 지역의 개발과 건설에 박차를 가함으로써 동북아 및 환동해권 지역의 관광업 발전을 촉진시키고 있습니다.

환동해권 관광촉진협의회의 개최와 4개국 지방 관광업계간 진정한 협력 및 공동 노력을 통해 환동해권의 관광업이 새로운 모습으로 세계 각국의 관광객을 맞이하게 될 것으로 믿어 의심치 않습니다.

본 회의의 성공적 개최를 기원합니다. 감사합니다.

실전 2

尊敬的○○○团长、○○○团长，尊敬的各位嘉宾，女士们、先生们：

中日韩企业家恳谈会在诸位的共同努力下，达到了预期的效果，取得了圆满的成功。我代表中华全国工商业联合会对大会的成功表示热烈的祝贺。我们高兴地看到，会议时间虽短，但内容丰富，进一步加深了彼此间的相互了解，充分体现了我们三国企业界加强合作的真诚原望。我衷心地希望这一次的会议将成为我们未来合作的良好开端。我也相信，通过这一次的合作，中日韩三国的经济团体和企业间的交往将会更加密切，合作也会更加成功。谢谢大家的努力和合作。

존경하는 ○○○ 단장님, ○○○ 단장님, 귀빈 여러분, 그리고 신사 숙녀 여러분!

한·중·일 3국 기업인 간담회가 참석자 여러분들의 공동 노력으로 소기의 성과를 거두고 성공리에 막을 내리게 되었습니다. 중화전국상공업연합회를 대표해 성공적 개최를 축하드립니다. 회의 일정은 비록 짧았지만 풍성한 내용으로 서로에 대한 이해를 넓히고 3국 업계간 협력을 강화하고자 했던 바람을 실현할 수 있었습니다. 이번 회의가 앞으로의 협력을 위한 좋은 출발이 되기를 진심으로 기원합니다. 아울러 이번 협력을 통해 3국의 경제 단체와 기업간 교류가 더욱 긴밀해지고 협력도 성공을 거둘 것임을 확신합니다.

실전 3

各位来宾、女士们、先生们：

在金秋时节，湖北省经济科技合作代表团有幸来韩国访问。在此，我代表中国代表团全体成员，对邀请和安排我们这次来韩国访问的韩国国际商会、韩国、亚洲科技经济协力团以及所有为我们本次来访提供过帮助的朋友们表示衷心感谢！对出席今天会议的所有来宾表示热烈欢迎！同时，我也想借此机会把湖北省向大家作一介绍，以增进我们之间的相互了解，为今后双方的经济、科技合作打下牢固的基础。

朋友们！我再次感谢大家光临今天的会议，并郑重代表湖北省人民政府，热忱欢迎韩国众多企业家，科技专家到湖北省考察、交流、商谈合作，并希望我们能于今年11月中旬在湖北省再次相会。谢谢大家！

내외 귀빈 여러분,

천고마비의 계절에 후베이성 경제과학기술협력대표단 자격으로 한국을 방문하게 돼서 기쁩니다. 이 자리를 빌어 저희를 초청해 주신 한국국

제상의, 한국·아시아 과학기술경제협력단 및 모든 편의를 제공해 주신 관계자 여러분께 대표단 전원을 대표해 진심으로 감사드립니다. 오늘 회의에 참석하신 모든 내빈들께도 환영의 말씀을 올립니다. 아울러 이 자리를 빌어 후베이성을 소개해 드린다면 상호 이해의 폭을 넓힘으로써 앞으로 경제 과학기술 협력을 위한 기초를 다질 수 있을 것이라고 생각합니다.

여러분! 다시 한번 오늘 회의에 참석해 주신 여러분께 감사드리며 후베이성 정부를 대표해 교류 상담차 많은 한국 기업인과 과학자들이 후베이성을 방문해 주실 것을 진심으로 바랍니다. 올 11월 중순 후베이성에서 만날 것을 기약하며 이만 인사말에 갈음하고자 합니다. 감사합니다.

실전 4

欣逢韩国首尔○○○狮子会授证45周年庆典，本人谨代表台北市○○○狮子会全体狮友敬致最诚挚的祝福。

45年来，贵会在崇高的狮子精神威名下，在致力于服务社会，社会繁荣，造福桑梓，促进国际友谊合作方面，均有卓越成就。而贵会狮兄是社会上的中坚，各行业阶层的领导者，有理想有崇高的地位，更有辉煌事业配合贵会服务目标之推展。正是相得益彰备受各方赞誉。

回顾从1982年6月10日在台北市与贵会缔盟于兹已届三十载矣。于此期间中，二会共同携手合作，朝向服务社会，造福人类，相互努力共勉，更加深了彼此的友谊与互信。今后本人希望二会狮子兄弟携手合作来发扬狮子博爱互助之精神。贵会四十五年来辉煌成就已为各界瞩目，身为姊妹会狮友也共沐荣耀。希望贵我双方更加努力，共创更好的明天。

最后敬祝大会成功，狮运昌隆，诸位狮友贵宾身体健康，事业成功，谢谢。

대한민국 서울 ○○○ 라이온스클럽 창립 45주년 기념식을 맞이하여 台北市 ○○○ 라이온스클럽 전체 회원을 대표해 진심으로 축하의 말씀을 드립니다.

45년 동안 귀 클럽은 숭고한 라이온 정신을 바탕으로 사회 봉사 활동과 사회 번영, 향토 발전에 힘써 왔으며 국가간 우의를 다지는데도 크게 기여해 왔습니다. 또한 귀 클럽 회원들은 사회의 중견 지도층으로서 각계에서 중요한 위치를 점하고 있을 뿐 아니라 훌륭한 사업들을 통해 봉사 활동을 펼쳐 나가고 있기에 각계로부터 큰 호응을 얻고 있습니다.

1982년 6월 12일 대북시에서 귀 클럽과 자매 결연을 맺은 후 벌써 삼십 년의 세월이 흘렀습니다. 그동안 우리 양 클럽은 공동 협력하여 사회에 봉사하고 인류 복지에 기여하기 위해 서로 격려하면서 상호간 우정과 신뢰를 쌓아 왔습니다. 앞으로도 양 클럽 회원들이 함께 손잡고 협력하여 사자의 박애와 협동 정신을 구현해 나갔으면 합니다. 귀 클럽의 지난 25년간의 빛나는 업적은 이미 각계에 알려져 있어 자매 회원으로서 덕분에 그 명성을 같이 나눌 수 있었습니다. 앞으로 우리 함께 노력하여 더 아름다운 내일을 개척해 나갑시다.

끝으로 대회의 성공적 개최를 기원하며 라이온스클럽의 번영과 회원 및 귀빈 여러분들의 건승, 그리고 성공을 축원합니다. 감사합니다.

尊敬的中华护理学会○○○理事长,尊敬的大韩看护协会○○○会长,女士们、先生们:

时逢鲜花盛开的季节，中韩两国护理界领导人、专家和代表，继去年中韩护理北京学术交流会之后，再次相聚,在美丽的龙仁召开第二届中韩护理领导人学术交流会。我谨代表中国驻韩国大使和大使馆,向会议致以热烈的祝贺。

在中韩建交后，包括护理专业在内，蓬勃开展的中韩科技交流与合作，对推动两国关系的迅速发展，起到了重要的促进作用。

护理是自然科学与社会科学相互渗透的学科和卫生事业的重要组成部分。她是推动社会文明进步、保证人民身心健康的光荣事业。随着时代的前进，社会对护理将提出更高的标准、更新的要求；而开展护理的国际交流与合作，是达到高标准、满足新要求所必不可少的条件。

我深信，中韩护理界的交流与合作将获得丰硕的成果，从而成为国际同行的楷模。预祝会议圆满成功! 谢谢!

존경하는 中華護理學會 ○○○ 이사장님, 대한간호협회 ○○○ 회장님, 그리고 신사 숙녀 여러분!

봄꽃이 만발하는 계절에 양국 간호업계 지도자, 전문가 대표를 모시고 작년 북경 학술회의에 이어 아름다운 용인에 다시 모여 제2회 한·중 간호지도자 학술 교류회를 개최하게 된 데 대해 주한 중국 대사와 대사관을 대표해 진심으로 축하의 말씀을 올립니다.

양국 수교 후 간호 분야를 비롯해 괄목할 만한 발전을 이룩한 과학기술 교류 협력은 양국 관계의 빠른 발전에 촉진제 역할을 해왔습니다.

간호는 자연과학과 사회과학이 서로 접목된 보건 사업의 주요 분야로 사회 문화 발전, 인류의 신체적·정신적 건강 유지를 위한 소중한 사업입니다. 시대적 흐름에 따라 간호에 대한 사회적 요구는 날로 까다로워지고 있으며 간호 분야의 국제 교류와 협력은 이와 같이 더욱 새롭고 까다로워지는 기대에 부합하기 위해 필수불가결하다 하겠습니다.

양국 간호업계 교류 협력이 풍성한 결실을 거두어 국제사회의 모범이 될 것으로 믿습니다. 회의의 성공적 개최를 기원하며 이에 갈음할까 합니다. 감사합니다.

실전 6

主席，各位贵宾，大家好!

欣逢第十一届国际服饰学术会议在韩国首尔隆重开幕；很高兴地又能借此团聚的机会，分享彼此最新研究成果及创作心得。

从历年来各国筹办会议的丰富经验中,不断地提升、精进，我们深信本届会议必然更臻成功，圆满! 本学术会议自1982年创设以来，已为各国服饰文化与艺术研究发展提供了诸多机会；这数十年来的努力所呈现的结果表明，该会已经由区域性的亚洲服饰文化交流，扩大为集合东西方文化的国际性学术盛会，获得了诸多有效信息和丰富成果。

同时，各国会员代表长久以来给予本会的策励与关心，始终是不减的。因为这个会是属于全体会员的，它是一个为大家服务、传达服饰美的艺术信息,提供服饰文化飨宴的「家」。

最后，借此大家族团聚分享丰盛成果之余，我们特别对筹办本届年会的东道主-韩国服饰学会会长○○○教授，与担任筹备工作的诸位小姐先生深表谢意。同时，也向日本好友们以及其他国家代表问好。并祝诸位健康，快乐。

회장님과 귀빈 여러분, 안녕하십니까!

제11회 국제복식학술회의가 한국 서울에서 성대히 개막됨에 즈음하여 이번 모임을 통해 서로의 최신 연구 성과와 창작 소감을 나눌 수 있게 된 것을 기쁘게 생각합니다.

각국의 역대 개최 경험을 바탕으로 끊임없이 발전시켜 온 결과로 이번 회의가 더욱 성공적이리라 확신합니다.

본 학술회의는 1982년 창설된 이래, 각국의 의류 문화와 예술 연구 발전에 많은 계기를 마련하였으며 이후 수십 년간의 노력의 결실로 이미 역대 의류 문화 교류의 차원을 뛰어넘어 동서양 문화를 조화시킨 국제적인 학술대회로 확대됨으로써, 보다 좋은 정보와 우수한 성과를 얻을 수 있게 되었습니다.

아울러 각국 대표들께서 장기간에 걸쳐 본 학회에 보내주신 격려와 관심은 시종 뜨거웠습니다. 이 학회는 전체 회원의 것이며, 우리 모두에게 의류 예술 정보를 전달하는 기구이자 의류 문화 향연의 '장'인 것입니다.

끝으로, 풍성한 결실을 함께 나누기 위해 모인 이 자리를 빌어 금년 회의의 주최 측인 한국의류학회 회장 ○○○ 교수님과 회의 준비를 맡아 주신 관계자 여러분들께 특히 감사드리고 싶습니다.

아울러 일본 및 각국 대표 여러분들께도 인사의 말씀 올립니다.

여러분 건강하십시오.

실전 7

尊敬的首尔论坛会长○○○大使，尊敬的中国国际战略研究基金会主席○○○大使，各位女士，先生们:

首先，请允许我对第二次"中韩论坛"在首尔开幕表示热烈的祝贺。去年12月，第一届"中韩论坛"即在中国北京举行，两国学者就亚太地区经济合作、东北亚地区形势和进一步加强中韩两国关系进行了深入的讨论，促进了两国学术界的交流。"论坛"这次在首尔举行第二届会议，真是让人倍感欢喜。

我相信，通过两国学界的深入交流，将进一步加深两国人民之间的相互理解，增进两国人民的友谊，促进两国关系进一步向广度和深度发展。最后，我预祝这次研讨会圆满成功。谢谢各位。

존경하는 서울포럼 의장 ○○○ 대사님, 중국 국제전략연구기금회 주석 ○○○ 대사님, 그리고 신사 숙녀 여러분!

우선 제2회 한·중 포럼이 서울에서 개막된 데 대해 진심으로 축하의 말씀을 드립니다. 작년 12월, 제1회 한·중 포럼이 중국 북경에서 개최되었을 때 양국 학자들은 아태 지역 경제협력, 동북아 지역 정세 및 양국간 관계 강화에 관해 깊이 있는 토론을 벌여 양국 학계간 교류 촉진에 크게 기여한 바 있습니다. 그리고 이번에 서울에서 제2회 포럼이 열리게 된 것은 정말 기쁜 일이라 하겠습니다.

양국간 학술 교류를 통해 양국 국민 상호간의 이해가 한층 더 깊어지고 우정이 두터워지며 양국 관계가 더 넓고 깊은 발전을 이룩할 것으로 믿어 의심치 않습니다. 마지막으로 이번 세미나의 성공적 개최를 기원합니다.

감사합니다.

尊敬的东亚日报社长○○○先生，尊敬的与会各位教授、学者，女士们、先生们：

本次讨论会是中国人民日报社和韩国东亚日报社第二次联合举办的同一主题的讨论会。首次讨论会前年在中国孔子的故里山东曲阜举行的。由于双方的共同努力，那次讨论会取得了可喜的成果。我相信，本次讨论会也一定会取得成功。在这里，请允许我代表人民日报社○○○社长和参加本次会议的中国代表，预祝会议圆满成功！

一向被西方认为充满神秘色彩的东方文化，对我们来说就像周围的空气一样，无时不有，无处不在。它是汇成东方社会生活之海的重要源泉。世世代代，不论是接受过高等教育的知识阶层、达官贵人，抑或是生活在穷乡僻壤的农夫樵子，无不是在东方文化母体的浸润、哺育之下成长起来，他们的言论与行为、民俗习惯、风土人情中，都闪烁着东方文化特有的光芒。其中最突出的即是儒、道、释三大文化现象及其相互交融与演化。

这不仅仅是历史。

在东方各国继摆脱奴隶制度和封建制度的束缚，步入现代文明的进程中，东方文化传统所具有的威力和魅力依然是那样令人折服。在长河般的社会演进中，东方文化之树总是不断更生出新的绿叶。她不仅丰富了东方文化的内涵，而且为世界文化的进步作出贡献。文化哺育了人民，人民创造了文化。东方文化以其博大精深的内涵以其不断吸纳外来文化并加以创新的特质，就算与世界其他文化相比都毫不逊色。所谓"全盘西化"的观点在中国人民看来只不过是无知的代名词。

东方文化不仅是东方的，也是世界的。它是东方人民的骄傲，也是世界人民的骄傲。因为有了她，我们的世界才如此美不可言，如此丰富多彩!

作为主办讨论会的中方代表，我热烈欢迎各位学者的光临! 愿这次讨论会对促进各国文化学术的交流和东方传统文化的研究、发展起到积极作用。谢谢!

존경하는 동아일보 ○○○ 사장님, 교수님, 학자 여러분, 그리고 신사 숙녀 여러분!

이번 토론회는 중국 인민일보사와 한국 동아일보사가 두 번째로 공동 주최하는 동일 주제의 토론회입니다. 첫 번째 토론회는 재작년 공자의 고향 산동 곡부에서 개최되었으며 양측의 공동 노력으로 눈부신 성과를 거둔 바 있습니다. 이번 토론회 역시 성공적일 것으로 믿습니다. 이 자리를 빌어 인민일보사 ○○○ 사장님과 이번 회의에 참석하신 중국 대표단 전원을 대표해 회의의 성공적 개최를 축원합니다.

지금까지 서양인들에게 신비하게만 비쳐졌던 동양의 문화는 공기처럼 언제 어디서나 우리 곁에 있었습니다. 그리고 동양 사회에서는 생활의 중요한 원천이 되어 왔습니다. 고등교육을 받은 지식인이건 산간 벽지에 사는 농부건 간에 대대로 동양 문화를 모태로 성장하지 않은 사람이 없으며 그들의 말과 행동, 민속과 풍습, 풍토와 인정 속에는 동양 문화 특유의 맛이 살아 숨 쉬고 있습니다. 그중에서 가장 두드러진 것이 있다면 유·불·선 3교의 상호 융화와 변천이라 해야 할 것입니다.

이것이 단지 역사만은 아닙니다.

동양 각국이 노예제도와 봉건제도의 속박에서 벗어나 현대 문명을 수용하는 과정에서 동양 문화 전통이 가진 위력과 매력은 여전히 빛나고 있습니다. 길고 긴 사회 변천 속에서 동양 문화는 부단히 새로운 잎을 피워 왔습니다. 이를 통해 동양 문화의 내용이 더욱 풍부해졌을 뿐 아니라 세계 문화의 발전에도 공헌했습니다. 문화는 국민을 기르고 국민은 문화를 창조하였습니다. 동양 문화는 그 깊고 풍부한 내용, 부단한 외래 문화 수용과 창조력으로 볼 때 세계 어느 문화와 비교해도 손색이 없습니다. 이른바 '전반서화(全盘西化)'는 중국인의 입장에서 볼 때 무지의 대명사일 수밖에 없는 것입니다.

동양 문화는 동양뿐 아니라 전 세계의 것이며 동양인의 자랑인 동시에 세계인의 자랑이기도 합니다. 동양 문화가 있기에 세상은 이토록 아름답고 이토록 다채로운 것입니다!

토론회를 주최한 중국 대표로서 여러 학자분들을 진심으로 환영합니다. 본 토론회가 각국 문화 예술 교류와 동양 문화의 연구 발전에 크게 기여하기를 바랍니다. 감사합니다!

실전 9

尊敬的釜山日报○○○社长先生:

值此釜山日报创办60周年的喜庆之期，我和解放日报代表团，带着1200多位报社员工的一片情意，跨海前来向釜山日报表示热烈的祝贺!

釜山日报用举行韩中日三国学术讨论会的形式，来庆祝报社的大庆，是很有意义的。讨论的主题《二十一世纪东北亚之协力与发展》对促进三国经济合作和经济发展，有着重要的现实意义。由于改革和开放，中国同韩国和日本的经济关系进一步密切，贸易往来进一步扩大，经济合作进一步加强。这种合作关系不但增强了三国人民的友谊，也为东北亚地区的繁荣和稳定作出了贡献。在这次学术讨论会上，我们三国的学者将就这个重大的题材各抒己见，进行学术交流和探讨，是我们三国从经济合作进而走向文化合作的一次有益的尝试，我衷心祝愿这次讨论会圆满成功!

上海和釜山已经建立了友好城市的关系。这两个友好城市中两家最有影响的报纸也建立了友好报社的关系。1995年，以○○○社长为首的釜山日报代表团和○○○总编辑为首的解放日报代表团彼此进行了互访，并且签定了友好交流合作的协议，标志着我们两家友好报社的交流和合作开始了新的起点。我们为此感到高兴。我们中国人把新闻媒介称为蜜蜂和蝴蝶。让我们这些蜂媒蝶使不停地工作，不停地传递，辛勤采集两国人民友谊的花粉，为东北亚经济的繁荣、人民的友谊作出更多的贡献!

존경하는 부산일보 ○○○ 사장님!

부산일보 창간 60주년 기념에 즈음하여 저와 해방일보 대표단은 1,200여 직원 모두의 따뜻한 마음을 전하고 창간 60주년을 축하하고자 바다 건너 부산에까지 왔습니다.

부산일보가 한·중·일 3국 학술 세미나 형식으로 창간을 경축하는 것은 매우 의미 있는 일이라 하겠습니다.

〈21세기 동북아의 협력과 발전〉이라는 토론 주제는 3국의 경제협력 촉진과 경제발전에 있어 중요한 현실적 의미를 담고 있습니다. 개혁개방으로 중국과 한·일 양국간 경제 관계 및 무역 거래는 더욱 밀접하게 확대되었으며, 경제협력 역시 한층 강화되었습니다. 이러한 협력 관계는 3국 국민간 우의 증진에 도움이 되었을 뿐 아니라 동북아 지역의 번영과 안정에도 크게 공헌하였습니다. 이러한 학술 세미나에서 3국의 학자들이 이처럼 중요한 의제에 대해 각자의 견해를 피력하고 학술 교류와 토론을 펼침으로써 3국의 경제협력이 문화 협력으로 나아갈 수 있는 유익한 경험이 될 것입니다. 저는 진심으로 본 세미나의 성공적 개최를 기원합니다.

상해와 부산은 이미 자매결연을 맺고 있으며 두 지역에서 가장 영향력이 있는 신문사도 자매결연을 맺은 바 있습니다. 1995년 ○○○ 사장님을 단장으로 하는 부산일보 대표단과 ○○○ 총편집장을 단장으로 하는 해방일보 대표단의 상호 방문이 이루어지고 우호 교류 협력 협의서가 체결됨으로써 두 신문사간의 우호 교류와 협력이 시작된 것은 매우 기쁜 일이라 하지 않을 수 없습니다. 중국인들은 매스미디어를 벌과 나비에 비유합니다. 우리들은 벌과 나비가 되어 끊임없이 날아다니며 소식을 전하고 양국 국민의 우정어린 꽃가루를 모아서 동북아 경제의 번영과 국민간 우의 증진을 위해 더 많이 공헌해야 하겠습니다. 감사합니다.

실전 10

自1992年以来，中华人民共和国与大韩民国正式建交已有20周年。在过去20年中，两国不仅在外交和贸易交流上有了长足的发展，在政治、经济、社会、文化等多个领域，都取得了令人瞩目的发展。

就中韩两国而言，无论是从地理位置，还是从历史发展来看，都是一衣带水的友好邻国。而且，中国已经成为韩国最大的交易国家，韩国也是中国三大交易国家之一，彼此间已经建立了紧密的合作伙伴关系。目前，中韩日三国的FTA正在筹划阶段，未来几年，中韩两国有望首先签订FTA协定。双方将首先成为掌握世界贸易市场主导权的主要国家，其意义深远重大。

值此两国建交20周年之际，双方首次在韩国庆尚北道举办以民间企业，尤其是"汽车、钢铁、农业等方面的企业发展"为主题的"中韩区域经济发展论坛"，将拉开两国之间经济领域更加广泛交流与合作的序幕。这是令人鼓舞的事情，也意味着中韩经济交流步入成熟阶段。

随着今年5月中日韩三国已经签署的《关于促进和保护投资的协定》，此次论坛将在此基础上成为中韩民间企业，尤其是中小企业预先研究和商讨的有利平台，更加为两地农业、农村发展献计，为农民心声代言。我谨代表中国经济日报报业集团，以及《经济》杂志社衷心希望各方参与成员以此次论坛为契机，增进彼此友谊，展开更加活跃的讨论与研究，对促进中韩两国在FTA协定上的基本协商与解决方法，发挥积极推动作用。

最后，向主办这次活动的庆尚北道道厅以及相关媒体与人员，表示衷心的感谢，祝此次论坛圆满成功。谢谢大家！

1992년, 중화인민공화국과 대한민국이 수교 관계를 맺은 후 지난 20년 동안 양국은 외교와 무역에서 큰 발전을 가져왔습니다. 이뿐 아니라 정치·경제·사회·문화 등 다양한 분야에서 괄목할 만한 성과를 이룩했습니다.

한·중 양국은 지리적 인접성이나 역사적 발전으로 봤을 때 가장 가까운 이웃입니다. 뿐만 아니라 중국은 이미 한국의 가장 큰 교역 대상국, 한국은 중국의 세 번째로 큰 교역 대상국으로 자리 잡게 되면서 양국은 긴밀한 협력 관계를 구축하게 되었습니다. 현재, 한·중·일 3국 FTA가 협상 중이며 향후 몇 년 안에 한·중 FTA가 먼저 체결될 것으로 예상됩니다. 이를 계기로 양국은 세계 무역시장의 주도권을 장악하는 주요 국가가 된다는 점에서 큰 의미를 가지고 있다고 볼 수 있습니다.

수교 20주년을 맞이하여 양국은 처음으로 대한민국 경상북도에서 민간 기업을 주체로 〈자동차, 철강, 농업 등 분야의 기업 발전〉을 주제로 하는 '한·중 지역 경제 발전포럼'을 개최하게 되었습니다. 이는 양국 경제 분야의 새로운 교류의 장을 여는 역할을 할 것입니다. 이는 상당히 고무적인 일로 양국 경제 교류도 더 성숙한 단계에 진입하게 되었음을 의미합니다.

지난 5월, 한·중·일 3국은 이미 '한·중·일 투자 촉진과 보호에 관한 협정'을 체결하였습니다. 이번 포럼은 이를 바탕으로 한·중 민간 기업, 특히나 중소기업에 연구와 교류의 장을 제공하여 양국의 농업, 농촌 발전을 추진할 수 있을 뿐 아니라 더 많은 농민의 목소리를 대변하게 될 것입니다. 저는 이 자리에서 중국 경제일보신문사와 『경제』지 출판사를 대표하여 이번 포럼에 참석하신 여러분들이 이를 계기로 우정을 돈독히 하고 더 활발한 논의와 연구를 진행하여 한·중 FTA의 기본 협상과 해결책 제안 등 분야에서 적극적인 역할을 수행하기를 기대하는 바입니다.

마지막으로, 이번 행사를 주최한 경상북도청과 관련 언론사, 언론인 여러분께 진심으로 감사드리며 이번 포럼이 성공리에 폐막하기를 기원합니다. 감사합니다.

2 韩翻中

실전 1

공사간 바쁘신 중에도 먼 길을 마다하지 않고 이곳 광양까지 왕림해 주신 데 대하여 따뜻한 환영과 감사의 말씀을 드립니다.

잘 아시다시피 광양 컨테이너항은 올해 준공되어 내년 초에 개장될 것입니다. 오늘 이 자리에 계신 분들이 앞으로 광양항을 동북아시아의 중심 항으로 성장할 수 있게 하는 주역들이 아닌가 생각합니다. 특히 중국에서 오신 해운 항만 관계자 여러분들께 우리 광양항이 거는 기대는 크다고 할 것입니다.

아무쪼록 한국에서 남은 여정이 즐겁고 유익한 시간이 되시기를 기원합니다. 감사합니다.

感谢您在公务繁忙之际，不远千里而来到光阳市，谨在此表示热烈的欢迎和衷心的感谢。众所周知，光阳集装箱码头今年将要竣工，于明年启用。我想今天在座的各位都是日后使光阳港发展成东北亚的中心港的重要人物。特别是来自中国的航运业人士，我们光阳港对各位充满期待。衷心希望各位在剩下的访韩期间一切顺利，愉快。谢谢!

실 전 2

환잉닌! 닌하오!

활발한 국제 우호와 친선 활동에 바쁘신 두 분 부이사장님을 비롯한 방문단 여러분의 저희 기아자동차 방문을 진심으로 환영합니다.

처음 계획으로는 최신 설비를 갖춘 아산만 공장으로 모시고자 했습니다만, 시간이 허락치 않아 이곳 소하리 공장으로 모시게 되었습니다. 이곳 소하리 공장은 양국간의 반만년 역사에 비하면 보잘것없지만, 저희 기아로서는 지난 30년간 고락을 함께해 온 모태와 같은 공장으로서 한국 자동차 공업 발전사의 한 축을 담당해 왔다고 자부하고 있는 곳입니다.

아무쪼록 귀 촉진회의 이번 기아 방문이 양국의 새로운 우호 관계를 한층 더 발전시키는, 또 하나의 좋은 계기가 되길 바랍니다.

아울러 저희는 이번 부이사장님 일행의 방문이 양국 자동차 산업의 공동 발전에 새로운 전기를 마련할 것이라 믿으며, 앞으로 저희가 귀국 자동차 기업과 협력 관계를 맺는 데 아낌없는 성원과 지도 편달을 부탁드립니다.

이곳 방문이 유익하고 의미 있는 시간으로 오랫동안 기억에 남으시기를 바라며, 다시 한번 부이사장님을 비롯한 여러분의 방문에 감사를 드립니다. 페이창 시에 시에!

欢迎您，您好!

我们热烈的欢迎兩位副理事长及访问团各位，为促进国际友好关系和亲善活动，在百忙中来访问我们起亚汽车公司。

本来计划让各位参观具备最新设备的牙山湾工厂，但由于时间上的限制，所以带各位参观这裡的所下里工厂。

所下里工厂比起两国之间的五千年历史，虽然微不足道，但30多年来，与起亚同甘共苦，共同造就了今天的成功，也是韩国汽车工业发展史的主轴，我们为此深感骄傲。

我们期望贵促进会这次访问起亚能成为进一步发展两国友好关系的新的一次机会。我们深信此次副理事长一行的访问，对两国汽车工业的共同发展提供新的转机，日后，也希望能在我们与贵国汽车企业缔结合作关系时，给予热烈的支持与指导。

最后，谨祝各位在韩国度过愉快的时光，带走美好的记忆。再一次谢谢副理事长及各位的访问，谢谢大家，谢谢。

실전 3

존경하는 ○○○ 의장님을 비롯한 회원국 대표 여러분! 그리고 사무국 여러분!

오늘 아세아전노련 제15차 대표자회의를 우리나라 서울에서 개최하고 평소 형제적 유대를 가져오던 대표자 여러분을 이곳에서 뵙게 된 것을 무한히 기쁘게 생각하며 또한 영광으로 여기는 바입니다.

우리나라에서는 지금의 계절을 천고마비의 시절이라 합니다. 하늘이 높고 오곡이 무르익어 모든 것이 풍요로운 시기라는 뜻입니다만, 이렇게 좋은 시기에 열린 오늘의 이 회의가 우리들의 기왕의 우의와 유대를 재확인하고, 나아가 아세아의 모든 나라들이 회원국이 되어 새로운 아세아 시대에 대비한 우리 전력(電力) 노동자들의 결속이 이루어질 것을 믿습니다. 앞으로 남은 한국 체류 기간이 즐겁고 유쾌한 여행이 되시기를 진심으로 기원하는 바입니다.

회의를 주관한 저희들로서는 미력하나마 성과 열을 다해 모시고자 합니다만, 이 집행부로서는 처음 치르는 행사이고 보니 미치지 못한 점도 많을 것으로 생각합니다. 이 점 양해하시고 아무쪼록 많은 지도 편달 있기를 바라며 다시 한번 여러분의 내한을 진심으로 환영하는 바입니다. 감사합니다.

尊敬的○○○主席先生、会员国各位代表、以及秘书处各位!

今天亚洲电劳联第十五届代表者会议在我国首尔召开, 能在此见到一直维系兄弟之谊的各位代表, 感到非常荣幸。

在韩国, 现在这个时候, 我们说是天高马肥, 就是秋高气爽的季节。晴朗的天空高高在上, 五谷丰登, 是丰收的时节。

在这么美好的时期召开会议, 相信不仅可以重新确认我们以往的友谊, 还有望让所有的亚洲国家都加入到这一组织, 所有电力行业从事者齐心协力, 众志成城, 共同应对新的亚洲时代的到来。

祈盼各位在韩国的日子里, 身心愉快。此外, 尽管我们倾进所有、全力以赴, 要以真诚和热情来招待各位嘉宾, 但毕竟是我们执行部第一次操手举办如此盛大的活动, 难免会有很多不周到的地方。还请各位多多谅解,并多多指教。再一次衷心地欢迎各位贵宾来到韩国。谢谢大家。

실 전 4

안녕하십니까? 저는 무역협회 국제통상 담당 이사 ○○○입니다.

이번 세미나에 즈음하여 먼저 멀리 북경에서 오신 중국 국내무역부 ○○○ 처장님, 北京○○百貨店 ○○○ 부사장님과 상해에서 오신 ○○백화점 ○○○ 점장님께 심심한 감사를 드립니다. 아울러 오늘 이 자리에 함께하신 참석자 여러분께도 인사의 말씀을 드립니다.

오늘 세미나는 그동안 한·중 양국간 교역이 크게 신장되어 가고 있는 가운데 우리 유통업계의 이해와 관심이 커지고 있는 중국 내 유통시장에 대해 알아보기 위해서 특별히 마련된 것입니다. 어렵게 현지 전문가를 초청하여 개최되는 세미나인 만큼 철저한 이해를 통해 대중 비즈니스가 더욱 확대될 수 있도록 우리 모두 노력하는 기회가 되었으면 합니다.

비록 짧은 시간이나마 이 자리에 참석하신 여러분들께서 연사들의 설명을 끝까지 경청하시어 필요한 정보를 얻고 향후 여러분의 중국 유통 시장 진출에 많은 도움이 되기를 바랍니다.

끝으로 우리 무역협회는 이 세미나에 이어 오는 10월 중국 유명 백화점 인사를 직접 초청하여 구매 상담회를 실시할 계획도 가지고 있습니다. 아무쪼록 계속해서 우리 협회 중국실과 협조해 주실 것을 당부드리면서 저의 인사 말씀을 마치고자 합니다. 감사합니다.

大家好! 我是贸易协会国际通商负责人○○○。

值此国际会议之际，中国国内贸易部○○○处长、北京○○百货公司○○○副总经理和上海○○百货公司的○○○经理远自北京、上海等城市前来参加，本人谨借此机会向各位表示深深的感谢。也借此机会向在座的各位与会贵宾道安。

一直以来，两国间的贸易关系日益密切，随之中国国内的流通行业对韩国流通市场的关注度也越来越高，因此，我们特地准备了今天这一会议，想了解一下中国内的流通市场。我们历经周折邀请到了当地的著名专家，希望大家借此机会彻底了解情况，并以此扩展大众商业机会。

尽管会议时间很短，希望与会的各位贵宾能认真倾听专家的见解，并获取所需信息，这将对各位日后进军中国流通市场大有裨益。

最后，我们贸易协会继此次讨论会，预计在十月正式邀请中国著名的百货公司负责人举办洽谈会。衷心希望各位继续与我协会中国室合作,我的致辞到此结束。谢谢!

실전 5

존경하는 수산 연구자 및 내빈 여러분, 그리고 일본 해외어업협력재단의 ○○○ 이사장님, 부산 주재 일본 ○○○ 총영사님, 바쁘신데도 불구하고 이 자리에 참석해 주신 데 대해 감사드립니다.

한국과 중국 · 일본은 같은 한자를 쓰며, 서로 어깨를 부비면서 함께 살아가는 이웃 나라들입니다. 우리나라에서는 서로 가까이 살면서 미운 정 고운 정을 함께 나누는 이웃의 중요함을 나타내기 위하여 '이웃사촌'이라는 말을 씁니다. 오늘 나는 이웃사촌국인 중국과 일본으로부터 수산 증양식의 발전이라는 공동의 목표를 협의하고자 우리나라에 오신 여러분들을 환영하기 위하여 조촐한 자리를 마련하였습니다. 대접이 변변치 못하오나 우리의 정감이 담긴 것이오니 마음껏 드시면서 각국 연구자 서로간에 지면을 익히고 우정을 나눌 수 있는 기회가 되기를 바랍니다.

지금은 때마침 결실의 계절인 가을입니다. 이번 협의회에서도 각국 연구자 여러분들의 진지한 토의가 앞으로 3국 주변 수역을 유용 수산자원이 가득한 풍요로운 바다로 만들기 위한 밑거름이 될 것을 기원하면서 우리 모두 건배합시다. 건배! 간빠이! 간빠이! 감사합니다.

尊敬的水产研究员，尊敬的各位贵宾，尊敬的东海外渔业协力财团○○○理事长，尊敬的日本驻釜山总领事○○○先生：

谢谢各位在百忙之中抽空参加今天的会议。

韩国、中国、日本同样使用汉文，也是关系密切的近邻国家。在韩国俗话中说与邻居同甘共苦，所以是'近邻胜过远亲'。今天我们的近邻中国和日本专家访问韩国，共同协商有关水产增养殖发展的事宜。我们为了欢迎他们，特别准备了小宴。虽然不是很丰盛，不过是我们精心准备的。希望各位尽情享用，也期望各国研究学者借此机会彼此加深了解，敦睦友谊。

值此金秋收获的季节，希望在此次的协议会上，三国研究人员通过诚挚的商讨为三国周边海域成为充满水产资源的宝库奠定基础，取得瞩目的成果。祝愿一切圆满达成！我们一起举杯祝贺！干杯，干杯！谢谢大家！谢谢！

실 전 6

존경하는 ○○○ 시장님!

○○○ 연운항 시장님!

목포 개항 100주년을 축하해 주시고 상호간의 교류·협력 증진 방안을 논의하기 위해 먼 길을 찾아 주신 데 대하여 깊은 감사를 드립니다.

오늘 우리는 동북아 지역의 새로운 시대를 여는 역사적인 순간을 함께하고 있습니다.

그동안 우리 목포시와 벳부시 그리고 연운항시는 끈끈한 자매결연의 우의를 맺고 해가 더해 갈수록 선린 동반자로서의 협력의 기반을 다져 왔습니다.

각 도시간 학술·문화 교류는 물론 사회봉사 단체까지 활발한 교류가 이루어지고 있으며 상호 직원을 파견, 우의를 돈독히 해오고 있습니다.

언어와 풍습, 문화와 역사적 배경은 다르지만 서로에 대한 깊은 신뢰는 우리의 마음과 마음을 하나로 만들어 주고 있으며 미래에 대한 염원으로 가슴을 설레게 하고 있는 것입니다.

세계의 유수한 석학들이 "21세기 경제 중심축이 동북아시아로 이동할 것이다"라고 한 예견이 서서히 현실로 나타나듯이 환황해권에서 일본과 한국 그리고 중국을 잇는 하나의 발전 축이 서서히 윤곽을 나타내고 있습니다.

이러한 흐름 속에서 우리 세 도시가 삶의 동질성을 기초로 하는 지방자치체간의 교류 협력을 더욱 확대시켜 모범적인 지역 발전을 모색해 나가야 할 시점이라고 생각합니다.

그러므로 저는 오늘 이 회의가 이제까지 단순한 친교 차원의 교류가 아니라 상호 호혜적 입장에서 자원·기술·정보의 교류를 통한 산업·통상 협력 체계를 구축하여 공동 번영의 기반을 다지기 위한 진솔한 의견을 나누는 자리가 되기를 기대하고 있는 것입니다.

저는 벳부시와 연운항시를 방문하면서 곳곳에 관광자원이 가득하고 시민들이 보배로운 자연자원을 슬기롭게 활용하며 높은 문화의식을 갖고 계심을 알았습니다.

우리 목포시 또한 수려한 자연경관과 천혜의 관광자원을 가지고 수준 높은 문화예술을 꽃피워 왔던 예향의 도시입니다.

다도해권 목포, 규슈 온천 도시 벳부, 중국 연해 관광단지 연운항, 이 세 도시를 연결하는 관광 루트 개발이 필요하다고 생각하며 보다 실질적인 논의가 이루어지기를 희망합니다.

○○○ 시장님과 ○○○ 시장님!

우리가 함께한 이 뜻깊은 자리는 우리 세 도시간 공동 번영과 이해 증진에 큰 밑거름이 될 것으로 확신하고 있습니다.

또한 우리가 서로간에 갖고 있는 이해와 친선 그리고 우정을 더욱 깊게 나누는 계기가 되고, 나아가 새로운 동북아 시대를 열어 가는 전기가 되기를 희망합니다.

우리 모두 21세기에 동북아 시대를 주도하는 새로운 번영의 동반자가 되기 위해 함께 노력해 나갑시다.

아무쪼록 이 역사적인 순간에 우리 지역을 방문해 주신 데 대하여 충심으로 감사를 드리며 머무시는 동안 편안한 일정이 되시기를 바랍니다. 감사합니다.

尊敬的别府市○○○市长、连云港市○○○市长：

为祝贺木浦开港一百周年及商讨相互间的交流和合作，各位不远万里来到我市，对此本人谨表示衷心的感谢。

今天，同处东北亚地区的我们，正面临着一个前所未有的机会。

木浦市与别府市及连云港市建立了亲密的姐妹友谊，年复一年，这种睦邻合作的基础，愈加巩固。

不仅是城市之间的学术、文化交流发展迅速，民间服务团体的交流也日益活跃，相互间人员派遣更是加深了彼此间深厚的友谊。虽然我们之间的语言、风俗、文化历史背景不尽相同，但是相互信赖让我们同心协力；而对未来的共同期盼，更让我们心潮澎湃。

有识之士曾预言："二十一世纪的经济中心正向东北亚转移"，这种预言正逐渐变为现实，由环黄海圈的韩国、日本、中国为一体的共同发展轮廓变得越来越分明。

在这种趋势下，我们三个城市正致力于加强地方政府间的交流、合作，并摸索出一条扩展地区性交流的典范途径。

有鉴于此，今天的会议希望不要停留于简单的加强交流的层面上，大家更应从互利互惠的立场，就通过资源、技术、信息的交流，构筑产业、商务合作的体系，建立共同繁荣的基础，坦率地发表意见。

在访问了别府市和连云港市后，我深感处处蕴藏着丰富的旅游资源，两地市民正发挥着各自的聪明才智，灵活运用这些宝贵资源，同时，旅游文化意识也得到了很大提高。

木浦市也具有秀丽的自然景观，天然的旅游资源，享有"艺乡"之美名。

多岛海的木浦，九州温泉城市别府，中国东南沿海的旅游地连云港，有必要联合开发这三个城市的旅游带资源，并着手进行实质性的讨论。

○○○市长、○○○市长：

我们确信，三个城市市长难得的相聚，一定会促进彼此间的共同繁荣，为相互间的进一步交流打下深厚的基础。我们希望以此次会议为契机，加深相互间的理解、巩固传统友谊，进而开启新的东北亚时代。

让我们一起为二十一世纪以东北亚为主体的共同繁荣而努力!

在木浦开港一百周年这一历史瞬间，诚挚欢迎来我市访问的各位嘉宾，祝你们在木浦访问期间身心愉快、万事如意! 谢谢大家。

실전 7

일본제지연합회 ○○○ 회장님, 대만제지연합회 ○○○ 회장님, 인도네시아제지연합회 ○○○ 회장님, 말레시아제지연합회 ○○○ 사무국장님, 필리핀제지연합회 ○○○ 부이사장님, 베트남제지연합회 ○○○ 총서기님, 그리고 각국의 종이 · 펄프업계의 대표 여러분!

대단히 반갑습니다! 대단히 감사합니다!

저를 비롯한 한국의 제지 · 펄프업계 대표들은 여러분의 서울회의 참석을 진심으로 환영하는 바입니다.

여러분! 마침내 우리는 오늘 이렇게 '아시아 제지 · 펄프회의'로 확대 개편하여 역사적인 회의를 한국 서울에서 개최하게 됐습니다.

바로 오늘의 이 순간은 세계의 제지 · 펄프 산업사에, 아시아의 제지 · 펄프 산업사에 영원히 기억될 것이며 이 자리에 모인 우리 모두의 가슴속에도 벅찬 감격으로 남아 있게 될 것입니다.

돌이켜보면 벌써 20년 전부터 한국 · 일본 · 대만은 정기 혹은 부정기적인 회의를 계속해 오면서 상호 협력과 발전 방향을 모색하고 논의해 왔으며 실질적으로도 많은 협력과 협조를 아끼지 않아 왔습니다.

그러나 언제부터인지 회의를 개최할 때마다 꼭 모여야 할 사람들이 빠진 것 같은 느낌이 들곤 했습니다. 바로 그 자리에 오늘 정회원이 되신 인도네시아 · 필리핀 · 태국 · 말레시아 · 베트남 등 5개국의 대표들이 없었기 때문이었습니다.

그리하여 재작년 10월 일본의 후쿠오카에서 열린 제7회 회의에 5개국의 대표들을 초청하게 된 것이고 오늘 제8회 서울회의에 정회원이 되신 여러분을 다시 모시게 된 것입니다.

이 자리를 빌어 비록 태국이 사정에 의해 이번 회의에 불참했지만 8개국을 회원으로 한 '아시아 종이 · 펄프회의'가 출범할 수 있도록 주선하고 협조하신 일본제지연합회 회장님과 대만제지연합회 회장님께 감사의 말씀 드립니다.

여러분! 여러분도 알고 계시는 대로 아시아 지역에는 세계 인구의 60%가 살고 있으면서도 종이 소비량은 아직도 세계의 33% 수준에 머물러 있는 종이와 펄프의 무궁무진한 잠재 시장입니다.

우리는 이 회의를 통해서 아시아의 종이 · 펄프 시장을 우리의 손으로 개척하고 확보해 나가기 위한 대책을 찾아내고, 8개국의 실질적인 협력 방안을 찾아나가야 할 것이라고 믿습니다. 따라서 이번 '아시아 종이 · 펄프회의'는 아시아 지역 펄프 · 제지 산업의 도약을 기약하는 자리이면서 펄프 · 제지인들의 축제의 자리가 되어야 할 것입니다.

여러분! 비록 빡빡한 회의 일정입니다만 8개국이 상호 협력하고 발전하는 데 필요한 좋은 의견들을 많이 주고받을 수 있으리라고 확신하는 바입니다.

다시 한번 한국 대표들을 대신해서 일본 · 대만 · 인도네시아 · 필리핀 · 말레이시아 · 베트남의 대표 여러분들을 환영하는 바입니다. 감사합니다.

日本制纸联合会的○○○会长、台湾区造纸工会的○○○理事长、印尼制浆造纸工会的○○○理事长、马来西亚制浆造纸工会的○○○秘书长、菲律宾制浆造纸工会的○○○副理事长、越南造纸工会的的○○○秘书长以及各国浆与纸业的代表们:

我很高兴见到各位齐集于此，对各位远道来到首尔深致谢意。我谨代表韩国的制浆造纸业界欢迎各位的来临。

各位嘉宾，在历经亚洲纸业会议的扩张与重组后，今天我们在韩国首尔终于举办了这一场历史性的会议。这个场合将会在世界浆纸工业与亚洲浆纸工业史上永垂千古，也将在与会的每一位心中留下难忘的一刻。

回顾以往，韩国、日本与台湾曾连续举办正式与非正式的会议以期寻求与讨论彼此共同合作与发展的策略，而且到目前为止，一直互帮互助，一同走到现在。

我说不上自何时起，每逢举办会议，都有一种怅然若失的感觉，总觉得有该到未到的人。之后我们认识到那是因为我们少了这些今天成为我们组织成员的印尼、菲律宾、泰国、马来西亚与越南五国的代表之故。

因此，前年10月在日本福冈举办的第七次会议上我们诚邀各位参加会议、在今天的第八届首尔会议上再次邀请了成为正式会员的各国代表。

我想利用这个机会表达我对日本制纸联合会会长与台湾区造纸工会理事长推动有来自八个国家会员的「亚洲纸业会议」所作的努力致以诚挚的感谢。不巧的是这次因国内的情势使泰国代表无法与我们共聚一堂

各位同仁，如同你们所知，世界人口的百分之

六十住在亚洲地区，但是他们的纸张消费量只占世界的百分之三十三，这表示本地区的浆纸市场有极大的潜力。

经由这次的会议，我们将可以规划出以我们自身力量开发与拓展亚洲纸与浆市场的方法，并寻求在八国之间合作的切实方案。

因此，此次第八届「亚洲纸业会议」是共同期盼本地区浆纸产业发展的平台，更是我们浆纸界各位同仁的庆典活动。

女士们，先生们，我须承认会议的议程很紧凑，但我相信我们彼此之间可交换很多好的意见、建议，促使八国的纸业进一步加强合作，共同发展。

现在，我谨代表韩国纸业，再度欢迎所有来自日本、台湾、印尼、菲律宾、马来西亚与越南的代表们，谢谢各位。

실전 8

중화호리학회 ○○○ 이사장님을 비롯한 중국의 간호 지도자 여러분, 그리고 대한간호협회 임원진과 지도자 여러분!

만물이 소생하는 따뜻한 봄철에 한국과 중국의 간호 지도자 여러분을 모시고 지난해 북경에서 개최된 제1차 한·중 간호 지도자 학술 포럼에 이어 서울에서 제2차 학술 포럼을 개최하게 된 것을 매우 기쁘게 생각합니다.

그리고 학술 포럼 참석을 위하여 멀리 중국에서 대한민국 서울을 방문해 주신 중화호리학회 대표단 여러분을 따뜻한 마음으로 환영합니다. 특히 간호사의 자질 향상을 도모하기 위하여 대한간호협회가 건립한 이곳 KNA 연수원에서 한국과 중국의 간호 지도자가 한자리에 모여 양국의 간호 학문 발전을 위한 공동 방안을 논의하게 된 것은 대단히 의미 있는 일이라고 생각합니다.

지난해 북경에서 열린 제1차 학술 포럼에서는 짧은 기간이었음에도 불구하고 한국과 중국의 간호 현실을 이해하고 학문적 교류를 통해 양국 간호계의 우의와 친선을 증진시켜 나갈 수 있는 첫 발걸음을 힘차게 내디뎠다고 생각합니다.

이제 온 세계가 하나의 공동체로 탈바꿈하고 있는 가운데 이웃 나라인 한국과 중국 간호계가 활발한 학술 교류 활동을 시작한 것은 아시아 지역의 간호 수준 향상과 함께 세계 간호계를 선도해 나갈 수 있는 기초를 다지는 중요한 역할을 하게 될 것으로 기대합니다.

특히 대한간호협회는 한·중 간호 지도자 학술 포럼을 계기로 동아시아 지역 국가 간호협회간의 연대를 보다 강화하기 위하여 동아시아 간호 포럼 창설을 제안한 바 있으며, 한·중 간호 포럼이 끝나고 이어 23일에는 동아시아 지역의 간호계 대표들이 모두 참석한 가운데 간호 포럼 창설을 공식 선언할 예정입니다.

아무쪼록 이번 한·중 간호 지도자 학술 포럼이 한국과 중국의 간호 교육 및 병원 간호, 지역사회 간호 분야에 대한 상호 이해의 폭을 넓히고 공감대를 형성할 수 있는 계기가 되기를 기대합니다.

특별히 양국의 〈간호교육과 1차 보건 의료〉를 주제로 다루게 될 이번 학술대회에서 양국의 간호 지도자 여러분께서는 간호 교육 발전과 1차 보건 의료 사업을 위한 폭넓은 의견 교환과 함께 우의를 더욱 돈독히 다지는 뜻깊은 만남의 시간을 가지시기 바랍니다.

끝으로 이번 학술 포럼에서 많은 결실을 얻게 되기를 바라면서 특별히 중국에서 먼 길을 오신 손님들께서는 짧은 기간이지만 한국에서 머무시는 동안 뜻깊은 시간을 보내시고, 간호 교육기관과 병원 방문 프로그램을 통해 간호 현장을 직접 둘러보시는 기회도 가지시길 기대합니다. 감사합니다.

中华护理学会○○○理事长及中国护理界各位领导，大韩看护协会委员们及各位领导：

在万物苏生的春天，韩国和中国护理界人士同坐一堂，继去年在中国首都北京召开的首届韩中护理学术研讨会，今年终于在首尔召开第二次研讨会，我感到非常高兴。在这里，向远道而来的中华护理学会代表团全体成员表示热烈的欢迎。

特别是韩国和中国的护理领导们同聚在为提高护理人员素质而建立的大韩看护协会KNA研修院，讨论如何共同发展两国护理事业是一项很有意义的活动。

去年，在北京举办的第一次学术研讨会虽然时间短暂，但是通过学术交流两国护理界相互加深了解，增进了两国护理界的友谊。

今天，世界正向着一个共同体发展，相信韩国和中国护理界广泛的学术交流，不仅为亚洲地区护理水平的提高起到关键作用，而且，为走向世界护理界前列打下坚定的基础。

大韩看护协会以中韩护理领导者学术研讨会为契机，为增强东亚地区各国护理协会间的联系，曾倡议过开创东亚护理学术研讨会，这次将借东亚6国护理代表团齐聚一堂的机会，正式提出此项倡议。

希望这次会议能够加深两国间对护理教育、医院护理、社区护理等方面的了解，共享这一领域知识。

希望能在论两国的"护理教育和初级卫生保健"为主题的这次学术会上，两国护理领导为护理教育和初级卫生保健事业，广泛交流意见，增进友谊。

最后，希望在这次学术研讨会上有很多成果，特别是从中国来的客人们在韩国居住的短时间内能够过愉快，并通过看护教育机关和参观医院项目，亲身体验护理现场。

실전 9

존경하는 ○○○ 통일원장관님, ○○○ 부산일보 사장님, ○○○ 서일본신문 사장님, ○○○ 상하이해방일보 총편집님, ○○○ 부산발전연구원장님을 비롯한 주제 발표와 토론에 참가하신 한 · 중 · 일 학계 여러분, 그리고 내외 귀빈 여러분!

저는 오늘 창간 60돌을 맞이한 부산일보사가 중국 상하이 해방일보, 일본 서일본신문사와 공동으로 마련한 한 · 중 · 일 국제 학술 심포지엄에 앞서 축하의 인사를 드리게 된 것을 참으로 영광스럽게 생각합니다.

먼저 우리 부산을 방문해 주신 중국과 일본 측 참가 인사 여러분께 부산 시민을 대표하여 마음속 깊이 따뜻한 환영의 인사를 드립니다.

우리 부산은 국내 제일의 국제항이자, 한국 경제 발전을 선도해 온 상공업 도시로서 동남 경제권의 중추 역할을 다하고 있으며 다가올 환태평양 시대의 거점 도시, 동북아의 관문 도시로서 새로운 도약의 기반을 착실하게 다져가고 있습니다.

특히, 우리 시는 민선 시정 1년을 맞아 국제 교류를 활발히 추진하기 위한 대규모 문화 · 예술 축제를 개최하고 있습니다. 지난 8월 초에는 '제9회 부산바다축제'를 개최, 10일간 30여 개의 다양한 축제 행사를 열어 바다와 파도, 젊음과 낭만이 있는 부산을 국내외 피서객들에게 소개하였습니다.

이어서 9월 13일부터 9일간 '부산국제영화제'를 세계 수십 개 국가가 참여하는 가운데 다채롭게 전개하는 등 외국 대도시와의 보다 활발한 협력과 교류를 촉진하는 다각적인 노력을 지속적으로 전개해 나갈 것입니다.

이에 발맞춰 한 · 중 · 일 석학들이 한자리에 모여 격변을 앞둔 동북아 국가와 대도시들의 상호협력과 공동 대응 방안을 모색하는 이번 심포지엄은 참으로 시의에 알맞은 토론의 자리로서 앞으로 우리 부산의 발전 방향 정립에도 매우 유익한 지침을 제공해 주실 것으로 기대합니다.

아무쪼록 이번 심포지엄이 동북아 지역의 국가와 대도시들 간에 보다 긴밀한 협력과 교류를 통해 공동의 발전과 번영을 이룩해 나갈 구체적인 방안들을 제시하는 보람찬 성과를 거두기를 희망합니다.

창간 반세기 동안 지역 주민의 대변지 역할을 다해오신 부산일보, 그리고 상해해방일보와 서일본신문의 무궁한 발전과 더불어 여러분의 가정마다 건강과 행운이 가득하시기를 빕니다. 감사합니다.

尊敬的统一院○○○长官、釜山日报○○○社长、西日本新闻杜○○○杜长、上海解放日报○○○总编、釜山发展研究院○○○院长以及参加主题演讲和讨论的中日韩各位学者、各位来宾:

在创刊60周年的釜山日报和中国上海解放日报、日本西日本新闻共同举办韩中日国际学术讨论会的今天，我很荣幸，能够在这里表示我对各位的祝贺。

首先，我仅代表釜山市民向访问釜山的中国和日本的嘉宾表示发自内心深处的欢迎。

釜山是韩国最大的国际港口，也是主导韩国经济发展的工商业城市，担负着东南经济圈的中枢作用。作为即将来临的环太平洋时代的中心城市和东北亚的门户，正在认认真真地为新的飞跃打基础。

特别是在民选市政班子出台一周年之际，我市正在着手举办大规模的国际文化艺术节，以推动国际交流活泼开展。去年8月初，我们举办了"第9届釜山大海节"，在10天的活动其间里，共举行了30

多项活动，向国内外避暑游客展示了具有波涛汹涌的大海、年轻和浪漫充溢的釜山。

即将来临的9月13日开始、将展开有几十个国家参加的为期9天的釜山国际电影节活动，从多方面为推动和国外大城市的进一步洽谈、交流、合作而付出不懈的努力。

同时中韩日的学者相聚一堂，为面临急剧变化的时代，共同探索相互合作与对应方案，真是一次符合时宜的讨论，相信日后在我们制定釜山发展方向上，也会提供诸多有益指导。

总之，本人希望本次讨论会能够本着东北亚国家和大城市间通过进一步的合作和交流，提出实现共同发展和繁荣的具体方案，取得让人满意的成果。

祝愿创刊半个世纪，已俨然成为地区居民言论平台的釜山日报、还有上海解放日报、西日本新闻的前程似锦，也祝在座各位家庭和睦、幸福安康。谢谢。

실전 10

존경하는 ○○○ 통일원장관님, ○○○ 부산광역시장님, ○○○ 중국 상하이해방일보사 총편집님, ○○○ 서일본신문사 사장님, 그리고 국내외 참가 교수님 여러분과 오늘 행사를 빛내 주시기 위하여 참석해 주신 귀빈 여러분!

부산일보사가 창간 60돌을 기념하여 개최하고 부산발전연구원이 주관하는 〈21세기 동북아시아의 새로운 협력과 발전〉이라는 주제의 국제 학술 심포지엄에 이렇게 참석해 주신 데 대하여 진심으로 환영하는 바입니다. 특히 기조연설을 해주실 ○○○ 대외경제정책연구원장님을 비롯하여 바쁘신 중에도 본 행사에서 주제 발표, 사회, 토론을 흔쾌히 맡아 주신 여러분께 깊이 감사드리는 바입니다.

오늘날 세계는 개방경제라는 변화의 물결 속에 새로운 질서를 찾아가고 있습니다. 새로운 질서는 글로벌리제이션, 국경 없는 경제, 시장경제의 원리가 지배하는 상황 속에서 형성되어 가고 있습니다. 이 새 질서는 한편으로 세계 규모의 단일 시장화를 향한 무한 경쟁을 불러일으키고, 다른 한편으로는 이웃하는 각국이 지역간의 교류와 협력을 강화해 나가는 움직임을 보이고 있습니다.

특히 지역 단위의 경제협력체 형성은 이미 EU를 비롯한 NAFTA · APEC · ASEAN 등이 결속과 활동을 강화하는 경향을 보이고 있습니다. 이와 같은 국제적인 추세에 따라 필연적으로 동북아시아 국가간에도 교류와 협력이 활성화되어 상호의존성이 넓어지고 있으며 국제사회는 이 지역의 새로운 역할 창조를 요청하고 있습니다.

많은 전문가들은 21세기 두 번째 십년에 있어서도 동북아시아가 지속적으로 고도성장해 나갈 것으로 전망하고 있습니다. 이 지역은 인구, 자원, 자본, 기술, 정보가 고도로 집적되어 있을 뿐 아니라 지역 내의 경제는 상호보완적인 성격이 강하며 또한 공통의 문화적 기반과 연대를 지니고 있습니다. 그리고 이 시기에 동북아시아 지역의 발전은 한국 · 중국 · 일본이 주도하지 않으면 안 될 것으로 생각됩니다.

오늘 이 심포지엄에는 동북아시아 3국인 한국 · 중국 · 일본을 대표하는 연구자 여러분이 모였으며, 여기서 이 지역의 새로운 협력의 방향을 찾고 사회경제적 발전 전략을 수립하게 될 것으로 기대합니다. 우리는 이 심포지엄을 통하여 동북아시아 국가간에 있었던 지난날의 역사적인 갈등을 해소하고 경제적인 격차를 완화하며, 나아가 교류와 협력의 증진으로 새로운 차원의 경제적 번영의 기틀을 찾게 되기를 바라 마지않습니다.

이제 동북아시아의 3국은 상호간의 이해와 협력 관계를 한층 강화하고 나아가 지속적인 번영을 위한 구체적인 역할 분담도 해야 할 때입니다. 그리고 국가간의 협력 차원을 넘어 인접 도시간의 새로운 협력 체제도 구축해야 할 때입니다. 그런 의미에서 본 행사는 그 의의가 매우 크다고 하겠습니다.

아무쪼록 오늘의 이 심포지엄이 세계화와 무한경쟁 체제 속에서 동북아시아가 성장, 발전해 가는 올바른 방향을 찾고 나아가 동북아시아 번영의 계기를 마련하게 되기를 바라며, 좋은 발표와 활발한 토의 속에서 모두가 기여하고 모두가 배우는 교류의 장으로 기억되기를 기원합니다.

다시 한번 동북아시아의 새로운 협력과 발전을 위하여 참석해 주신 여러분께 뜨거운 환영의 뜻과 감사의 말씀을 드리면서 인사에 갈음하고자 합니다. 감사합니다.

尊敬的统一院○○○长官、釜山广域市○○○市长、中国上海解放日报○○○总编、西日本新闻社○○○社长、各位在座的教授学者、各位人士:

对各位参加纪念釜山日报创刊60周年举办的、由釜山发展研究院承办的"21世纪东北亚新的合作与发展"这个国际学术讨论会表示衷心的欢迎。特别是要感谢发表基调演说的对外经济政策研究院○○○院长等人士能够在百忙之中来本讨论会发表主题报告、主持会议、参加讨论。

今天的世界正在开放经济这个变化的浪潮中寻找新的秩序。新的秩序将在国际化、无国境经济、市场经济原理支配的形势下形成。这种新秩序一方面引起追求世界范围内单一市场的无限竞争，另一方面呈现相邻各国加强地区间交流和合作的动向。

特别是EU、NAFTA、APEC、ASEAN为代表的以地域为单位的区域组织，更是显示了团结和交流加强的倾向。根据这种国际趋势，东北亚国家间必然通过积极 的交流和合作加强对彼此的依赖程度，同时国际社会也期待这一地区能够发挥新的作用。

许多专家预测即使在21世纪第2个十年东北亚仍将持续高速增长。本地区不仅人口、资源、资本、技术信息高度集中，而且地区内经济互补性强，并且有着共通的文化基础和联系。在这一时期，东北亚地区的发展如没有韩国、中国、日本的主导是不行的。

在今天的讨论会上，代表中、日、韩的东北亚三国学者共聚一堂，希望从这里找到本地区新的合作方向、制定社会经济发展战略。我们希望通过本次讨论会能夠消除东北亚国家间存在的历史纠纷、缓和经济差距并通过加强交流和合作来建立新范围经济繁荣的框架。

此时，应是进一步加强东北亚三国间的相互理解和合作关系乃至为了持续繁荣所需要求分担具体角色的时候，也是超越国家间合作范围建立邻近城市间新的合作体制的时候。从这种角度讲，本次活动的意义十分重大而深远。

总之，我希望今天的讨论会能找到在国际化和无限竞争体制中东北亚成长、发展的正确方向并创造东北亚繁荣的契机，同时祝愿在精彩的发表和热烈的讨论中大家将本次会议当成是贡献、交流的平台，永远铭记在心。

再次向为了东北亚新的合作和发展出席本次讨论会的各位代表表示热烈的欢迎和诚挚的感谢。我的致词到此结束。谢谢!

부록

섬 관광정책 포럼 시나리오

회의명

국민의례

용례

섬 관광정책 포럼 시나리오

포럼 창설 및 제1차 회의

기본 계획

- 일 시 : 7. 23(목), 14 : 00 ~ 18 : 00
- 장 소 : 호텔 2층 대연회장
- 참 석 : 350명(우리 측 260, 초청 측 90)
- 통역 내용 : 포럼 창설 및 제1차 회의 개최

진행 계획

진행: 관광문화국장

- 13 : 50 행사 진행 안내
- 14 : 00 ~ 14 : 20 개회식(개회사, 격려사, 축사)
- 14 : 20 ~ 16 : 30 기조 연설 및 토의
- 16 : 30 ~ 16 : 40 휴식(단상 정리)
- 16 : 40 ~ 17 : 30 특별 초청 강연(서강대 ○○○ 교수)
  –「해양화 시대의 관광 협력 증진 방안」
- 17 : 30 ~ 18 : 00 제주선언, 공동성명 등 발표
  – 포럼 운영 요강은 사회자가 발표

진행 시나리오

13 : 50 행사 진행 안내—사회자

내빈 여러분 안녕하십니까? 저는 제주도 관광문화국장 ○○○입니다. 오늘 동아시아 4개국 지사 · 성장의 참여하에 지방정부 차원에서는 최초로 탄생되는 '섬 관광정책 포럼' 창설 행사에 참석해 주신 여러분께 진심으로 감사드립니다. 잠시 후 14 : 00부터 본 행사가 개최되겠습니다만, 이번 행사에 참석하신 여러분을 위하여 회의 진행 방법과 내용에 대하여 간략하게 안내해 드리겠습니다.

또한 오늘 회의는 4개국이 참가하는 국제회의로서 동시통역으로 진행됩니다. 여러분께서 받으신 리시버는 외국인들이 발씀하실 때 자국어로 들을 수 있는 장비입니다. 한국어는 채널 1번, 영어는 채널 2번, 일본어는 채널 3번, 중국어는 채널 4번, 인도네시아어는 채널 5번에 맞추시면 됩니다. 훼손하거나 분실하지 마시고 자리를 뜨실 때는 탁자 위에 놓아두고 나가시기 바랍니다.

오늘 행사는 개회식에 이어 제1부, 제2부, 제3부 행사와 경축 만찬으로 이어집니다. 1부 행사는 기조연설 및 토의로서 4개 지역 지사 · 성장이 참여하게 됩니다. 1부 행사가 끝나면 잠시 휴식을 갖고 계속해서 2부 행사가 진행되겠습니다. 2부 행사는 서강대 ○○○ 교수의 「해양화 시대의 관광 협력 증진 방안」 특별 초청 강연이 있고, 계속해서 3부 행사로 제주선언, 공동성명 발표와 포럼 운영 요강 발표를 끝으로 본 행사는 마치게 됩니다. 행사 폐회 선언이 있고 나면 잠시 휴식을 거친 후 18 : 30부터 호텔 2층 로비에 준비된 칵테일을 드시면서 환담을 나누시다 19 : 00 이전까지 경축 만찬장인 본 장소로 입장하여 만찬에 참석해 주시면 되겠습니다.

오늘 창설되는 '섬 관광정책 포럼'은 지방정부 차원에서는 최초로 창설되는 국제기구로서 향후 세계 섬들의 연대를 통한 국제무대에서의 역할이 매우 크다 할 것입니다. 여러분께 자세한 자료를 나누어 드렸습니다만, 오늘 행사는 우리 제주도가 21세기 환태평양 지역의 중심 축으로 부상하는 데 크게 기여하는 획기적인 전환점이 되리라 믿어 의심치 않습니다. 바쁘시더라도 국제 행사인 점을 감안, 끝까지 참석하시어 유익한 시간이 되시고 포럼 탄생의 의미와 기대 효과를 많은 도민들께 전파해 주시기 바랍니다.

이상으로 오늘 행사에 관한 안내를 해드렸습니다. 잠시만 기다려 주시기 바랍니다.

13 : 58

잠시 후 ○○○ 제주도지사의 안내로 참가국 대표단이 입장하겠습니다. 입장하실 때는 멀리 외국에서 우리 도를 방문해 주신 손님들께 힘찬 박수로 환영의 뜻을 표시해 주면 고맙겠습니다. 지금 ○○○ 제주도 지사의 안내로 각국 대표단이 입장하고 계십니다.

14 : 00

지금으로부터 인도네시아 발리주, 중화인민공화국 해남성, 일본국 오키나와현, 그리고 우리 제주도 등 4개국 지사 · 성장의 참여하에 창설되는 '섬 관광정책 포럼' 행사 및 제1차 회의를 개최하겠습니다.

오늘 행사는 우리 도에서 주최하는 만큼 100만 내외 도민을 대표하여 ○○○ 제주도 지사께서 개회사를 하시겠습니다.

(개회사)

다음은 문화체육부 장관님을 대리하여 ○○○ 차관님께서 격려사를 해주시겠습니다.

(격려사)

이어서 ○○○ 제주도의회 의장님께서 축사를 해주시겠습니다.

(축사)

이상으로서 개회식을 마치고 단상을 정돈한 후 곧바로 제1부 행사인 기조연설 및 토의를 개최토록 하겠습니다. 제1부 행사는 4개국 지사·성장이 참여하는 토론의 장으로서 진행은 본도 출신 연세대 ○○○ 교수께서 맡아 해주시겠습니다.

사전 양해를 드릴 사항으로 일본 오키나와현에서는 부지사가 대신 참석하셨습니다. 오키나와현에서 세계 60개국이 참가하는 국제회의가 오늘부터 개최됨에 따라 ○○○ 지사께서는 지난 22일 입국 후 제반 협의 사항 등 지사·성장회의를 모두 마치고 오늘 아침 귀국하셨기에 대신 부지사가 참석하시게 된 점 양해 바랍니다. 그럼 자리가 정리되는 대로 4개국 지사·성장님과 진행자이신 ○○○ 교수께서는 단상으로 등단하여 주시기 바랍니다.

참석자 여러분께서는 잠시만 기다려 주시기 바랍니다.

14:20~16:30 제1부 행사: 기조연설 및 토의

기조연설 및 토의 – 이 때부터는 연세대 ○○○ 교수가 진행함

기조연설 및 토의 종료 선언 – 진행자

이상으로 제1부 행사를 마치고 10분간 휴식 시간을 갖겠습니다. 제2부 행사는 16:40분부터 개최되므로 시간에 늦지 않도록 지정된 자리에 착석해 주시기 바랍니다.

이어서 제2부 행사를 시작하겠습니다. 2부 행사는 특별 강연 순서로서 「해양화 시대의 관광 협력 증진 방안」이라는 주제를 갖고 50분간 강연을 듣도록 하겠습니다. 특별 강연을 해주실 연사는 서강대 교수이신 ○○○ 박사이십니다. 뜨거운 박수로 열렬히 환영해 주시기 바랍니다.

16:42~17:30 제2부 행사: 특별강연

○○○ 박사 특별강연 – 「해양화 시대의 관광 협력 증진 방안」

(강연 종료)

(단상 정리 → 지사/성장 배석)

17 : 35~18 : 00 제3부 행사

그러면 '섬 관광정책 포럼' 창설을 발표하는 절차로서 4개 지역 지사·성장 참석하에 「제주선언」과 공동성명의 채택, 그리고 포럼 운영 요강 등을 발표하는 순서가 되겠습니다.

지사·성장님은 단상으로 나와 자리를 같이해 주시기 바랍니다.

'섬 관광정책 포럼'은 ○○○ 제주도 지사께서 1995년 7월 3개 지역에 제의한 후 그동안 여러 차례의 협의를 거쳐 지방정부 차원의 국제기구를 최초로 탄생시키는 것으로서 여러분께서는 이 뜻깊은 자리를 같이하고 계십니다. 본 포럼을 통해서 4개 지역간 관광 교류 협력 공동 발전을 증진해 나감은 물론 세계 섬들의 연대 기구로 발전시켜 동북아 20억 인구의 중심 축 역할을 하게 될 것입니다. 그러면 ○○○ 제주도 지사로부터 지사·성장회의시 합의 서명된 제주선언 및 공동성명을 직접 발표키로 하겠습니다. 섬 관광정책 포럼 운영 요강은 사회자인 제가 발표토록 하겠습니다.

(포럼 운영 요강 발표)

이상으로서 4개국 지사·성장의 참여하에 치러진 「섬 관광정책 포럼」 창설 행사를 모두 마치겠습니다. 이어서 이 시간 이후의 행사 내용에 대하여 간략히 소개해 올리겠습니다.

네 분 지사·성장님과 공식 대표단께서는 자리를 옮겨 공동 기자회견을 갖겠습니다. 그리고 본 장소에서 19 : 00부터 경축 만찬이 개최되기 때문에 연회장 앞 로비에 칵테일 리셉션장이 준비되었습니다. 잠시 휴식 후 18 : 30부터는 한 분도 빠짐없이 칵테일 파티에 참석해 주시기 바랍니다. 대단히 감사합니다.

主持人串词

13:50 介绍会议议程安排等—主持人

各位来宾，大家好！我是济州岛旅游文化局局长○○○。

今天，地方政府层面上首次筹办了由东亚四国知事、省长出席的“岛屿旅游政策论坛”创立大会，在这里，谨向出席本次大会的各位来宾表示衷心的感谢！

稍后14:00开始将正式举行本次会议，首先向各位简单介绍一下会议的进行方式及内容。

今天的会议是由四个国家参加的国际会议，将以同声传译的方式进行。各位手中的接收器是各国代表发言时，可以听到译文的机器。韩语是第一声道、英语是第二声道、日语是第三声道、汉语是第四声道、印尼语是第五声道。请不要弄坏或弄丢耳机，在离开会场时，请把耳机放在桌上。

今天的议程是这样安排的，首先进行开幕式，接着进行第一、第二、第三部分会议，最后为庆祝晚宴。第一部分会议包括主旨演讲和讨论，将由四个地区的知事、省长出席。第一部分会议结束后稍事休息，接着进行第二部分会议。在第二部分会议上，西江大学的○○○教授将以“海洋化时代的旅游合作增进方案”进行特别演讲，接下来的第三部会议上将发布济州宣言、联合公报和论坛运营纲要，正式会议部分将就此结束。

会议闭幕后稍作休息，从18:30开始，将在酒店二楼大堂举行鸡尾酒会，与会嘉宾可相互进行交流。大家在畅谈之后，请在19:00之前回到此处庆祝晚宴会场，参加晚宴。

今天创立的“岛屿旅游政策论坛”是地方政府层面上首次创办的国际机构，今后将通过世界各岛屿之间的联系，在国际舞台上扮演重要的角色。我们已经向大家分发了详细的资料，相信今天的会议将成为一个良好的转折点，让我们济州岛逐渐成为21世界环太平洋地区的中心轴。

感谢大家在百忙之中参加今天的国际会议，并希望各位能够共同参与到会议结束，一同度过这富有意义的时刻，也希望各位向地区居民传播论坛诞生的意义和期待效果。

以上是对今天会议的介绍。请各位稍侯。

13:58

稍后，济州道知事○○○将带领各国代表入场。嘉宾入场时敬请各位以热烈的掌声向远道而来的嘉宾表示热烈的欢迎。现在济州道知事○○○正带领各国代表入场。

14:00

现在，印度尼西亚巴厘岛、中华人民共和国海南岛、日本冲绳县、韩国济州道等四个国家的知事和省长出席的"岛屿旅游政策论坛"大会第一部分会议正式开始。

今天会议的主办方是济州道，首先有请济州道知事○○○代表100万道民致开幕词。

(开幕词)

下面，由○○○次官(副部长)代表文化体育部长官(部长)致辞。

(致辞)

下面有请济州道议会议长○○○致辞。

(致辞)

开幕式到此结束，主席台稍作整理后，将进行第一部分会议的主旨演讲及讨论。

第一部分会议将由四个国家的知事、省长出席并进行讨论，韩国延世大学的○○○教授担任主持人。

有一点敬请各位谅解，日本的冲绳县是由副知事代替出席了会议。由于从今天开始冲绳县举办全球60多个国家出席的国际会议，所以知事先生于本月22日来访，讨论了所有知事、省长会议的协议事项，今早已回国了，所以由副知事代替参加今天的会议。这一点还请各国代表海涵。那么座位整理好之后，请四国的知事、省长和主持会议的○○○教授到主席台就坐。

请各位嘉宾稍等片刻。

14 : 20~16 : 30 **第一部分会议:主旨演讲和讨论**

主旨演讲和讨论—这部分开始由○○○教授进行主持。

主旨演讲及宣布讨论结束（主持人）

第一部分会议到此结束，休息10分钟后，第二部分会议将从16:40开始，请各位准时到会场指定座位就坐。

接下来进行第二部分会议。第二部分会议将进行特别演讲，主讲人将以“海洋化时代的旅游合作增进方案”为主题，发表50分钟的演讲。为我们做特别演讲的是任教于西江大学的○○○教授。请大家以热烈的掌声表示欢迎。

16 : 42~17 : 30 **第二部分会议:特别演讲**

○○○博士特别演讲—主题: 海洋化时代岛屿间合作增进方案

(演讲结束)

(整理主席台→知事/省长座位安排)

17 : 35~18 : 00 **第三部分会议**

下面将宣布“岛屿旅游政策论坛”的创立，首先由四个地区的知事、省长共同宣布“济州宣言”和联合公报，接着发表论坛运营纲要。知事、省长请到主席台就坐。

“岛屿旅游政策论坛”是济州道知事○○○先生在1995年7月向三个地区提议后，经过数次协商，在地方政府层面首次创立的国际机构，我们将共同分享今天这意义非凡的时刻。

本次论坛将推进四个地区间的旅游交流及共同发展，同时，论坛将发展成为世界岛屿间的联合机构，将成为东北亚20亿人口的中心轴。那么，现在有请济州道知事○○○发表由知事、省长在本次会议中所达成的声明和济州宣言。

岛屿旅游政策论坛的运营纲要由主持人我来发表。

(发表“论坛运营纲要”)

由四个国家的知事、省长参加的“岛屿旅游政策论坛”创立大会到此结束。接下来为大家简单介绍一下下面的议程安排。

请四位知事、省长和正式代表一起到共同记者招待会场。从19:00开始在本会场进行庆祝晚宴，我们在宴会厅前的大厅准备了鸡尾酒欢迎会。请各位稍事休息后，于18:30参加鸡尾酒宴会。非常感谢！

회의명

회의명의 경우 각국은 본국의 국호를 가장 앞에 두고 중요한 순서대로 배열한다. 예를 들어 한국에서는 '한 · 중 · 일', 중국에서는 '중 · 일 · 한'이라고 칭하는 것이다. 때로 '한중 · 중한'과 같이 반복하는 경우도 있다. 참가국에서 일컫는 회의 명칭에 다소 차이가 있을 수도 있으므로 주의해야 한다.

- 제2회 한중 포럼
  第二次中韩論坛
- 한 · 중 · 일 기업인 간담회
  中日韩企业家恳谈会
- 제2회 공자사상 토론회
  第二次孔子思想讨論会
- 제11회 국제복식학술회의
  第十一届国际服饰学術会议
- 중국 무한시 경제무역 상담회
  中国武汉市经济贸易洽谈会
- 제4회 환동해권 거점도시 회의
  第四届环东海圈城市会议
- 제2회 환동해권 관광촉진협의회
  第二届环东海圈旅游促进协议会
- 2012 한중 신소재 협력센터 개소식
  2012韩中新材料合作中心成立典礼

- 제2회 한·중 간호지도자 학술포럼
  第二届中韩护理领导人学術交流
- 제5회 한·중·일 종이·펄프회의
  第五届中日韩三国紙和紙浆会议
- 섬 관광정책 포럼 창설 및 제1차 회의
  第一届岛屿旅游政策論坛创立大会
- 제32차 동양 및 동남아 라이온스대회
  第三十二届东方及东南亚狮友大会
- 한중 민간경제협의회 제2차 합동회의
  韩中、中韩民间经济协议会第二次聯席会议
- 제2회 황해 유용수산자원 배양에 관한 연구자 협의회
  第二届黄海有用水产资源增养殖现况及问题的科学家研究会

국민의례

• 국민의례는 시간 관계상 생략하도록 하겠습니다.

由于时间上的关系,国民仪礼予以省略。

• 국민의례가 있겠습니다. 라이온 여러분들께서는 모두 자리에서 기립하여 주시고 본 대회장 중앙 상단 천정에 부착된 국기를 향해 주시기 바랍니다.

现在行国民仪礼。各位狮友,请起立并向中央台上端的国旗致敬。

• 국기에 대한 경례! 바로!

请向国旗致敬! 礼毕!

• (대한민국 공군 군악대의) 연주에 맞추어 애국가 제창이 있겠습니다. 1절만 부르겠습니다.

请按伴奏齐唱国歌。我们只唱第一节。

• 라이오니즘을 통한 세계 평화를 기원하고 작고하신 라이온 및 라이오네스의 명복을 비는 묵념을 올리겠습니다.

伸张狮子精神, 祈愿世界和平, 并为故去的狮友和狮嫂们默祷。

• 일동 묵념! 바로!

请默祷。礼毕!

• 모두 자리에 착석해 주시기 바랍니다.

请各位就座。

용례

1. '안내'의 용례

- (잠시, 다시 한번, 간략하게) 안내 말씀 드리겠습니다.
  请大家注意一下! 我先说明一下。
- 오늘 회의 진행에 대해 안내 말씀 드리겠습니다.
  首先介绍一下今天会议的顺序。
- 회의 진행 방법과 내용에 대하여 간략하게 안내해 드리겠습니다.
  现在简单地介绍一下会议的进行方法和内容。
- 회의가 시작되었으므로 여러분들의 이해를 돕기 위해 회의 진행 방법과 내용에 대하여 잠시 안내 말씀을 드리겠습니다.
  会议马上要开始了，现在我就会议的进行方式做一个简单的介绍，以供各位做参考。
- 이번 행사에 참석하신 여러분을 위하여 회의 진행 방법과 내용에 대하여 간략하게 안내해 드리겠습니다.
  现在向参加此次活动的各位(贵宾)简单地说明一下会议的进行方法和有关内容。
- 잠깐 채널 안내를 해드리겠습니다.
  现在向大家介绍一下声道。
- 이 시간 이후의 진행 계획에 대하여 잠시 안내 말씀 드리겠습니다.
  现在说明一下此刻以后的议程计划。
- 분과회의는 미리 안내하여 드린 각각의 장소에서 오후 2시부터 있겠습니다.
  分组讨论将从下午两点开始举行，会场是已向各位介绍过的地点。

- 이상 안내 말씀 드렸습니다.

  以上是对～的说明。
- 이상으로 오늘 행사에 관한 안내(/안내 말씀)를 해드렸습니다.

  以上是对今天活动的说明。
- 안내원이 회의 장소를 안내해 드릴 것입니다.

  由服务员带领(指引)各位到会场。
- 잠시 후 ○○○ 제주도 지사의 안내로 참가국 대표단이 입장하겠습니다.

  稍后即将由○○○济州道知事带领各国代表团进入会场。
- 지금 ○○○ 제주도 지사의 안내로 각국 대표단이 입장하고 계십니다.

  现在由○○○济州道知事带领各位代表团进入会场。
- 회의 장소는 안내원이 안내해 드리겠습니다만 이미 배포된 자료를 참고하여 주시기 바랍니다.

  服务员会指引各位到会场，请参考已发给各位的资料。

2. '참고'의 용례

- 참고로 (말씀드리면)

  顺便说
- (~이니) 참고하시기 바랍니다.

  请各位参考一下。
- 내일의 일정 등은 유인물을 참고하시기 바랍니다.

  明天的日程等其他事项请参考一下。
- 여러분께서는 주제 발표문 23페이지를 참고해 주시기 바랍니다.

  请各位参考一下主题发表的第二十三页。

• 공연 내용은 배부해 드린 프로그램의 설명서를 참조하여 주시기 바랍니다.

表演内容请参考发给各位的节目说明。

• 회의 진행 순서는 대표단 여러분의 탁자 위에 배부되어 있사오니 참고하시기 바랍니다.

会议议程放在各代表团的桌子上，请参考。

• 오늘 회의의 진행 순서는 각자의 탁자에 배부되어 있으니 일정표를 참고하시기 바랍니다.

今天会议的顺序请参考一下桌子上的日程表。

3. '만'의 용례

접속조사 '만'

접속조사 '만/마는'은 종결어미에 붙어, 앞의 사실에 구애되지 않는 다른 일을 말하려 할 때 사용한다.

예) 그 책을 사고 싶다마는(/만) 돈이 없다.
먹고 싶지마는(/만) 참아야지.

많은 경우 접속사 '그렇지만, 하지만'과 똑같이 간주해서 통역이나 번역할 때, 특히 판단할 시간이 절대적으로 부족한 동시통역에서는 조건반사처럼 역접으로 표현하기 쉽다. 그러나 역접의 의미가 아닌 상황에서도 사용하는 것이 현대 한국어 글말과 입말의 경향임을 유의할 필요가 있다.

1) 역접인 경우(雖然~但是; 不過~)

• 소개해 드린 분 이외에도 많은 귀빈께서 참석하셨습니다만, 시간

관계상 이것으로 내빈 소개를 마치겠습니다.

• 그러면 이어서 참가국 업계간의 교류와 공동 문제 등의 협의나 요청 순서가 되겠습니다만, 시간 관계로 구체적인 사항은 오후에 있을 분과위원회에서 다루기로 사전에 합의가 되었습니다.

• 본회의 진행 계획상 ○○○ 블라디보스톡 시장께서 발표하시도록 되어 있었습니다만, 갑작스럽게 병원에 입원하신 관계로 참석하지 못하고 발표문을 보내 오셨습니다.

2) 역접이 아닌 경우

• 여러분께 자세한 자료를 나누어 드렸습니다만, 오늘 행사는 우리 제주도가 21세기 환태평양 지역의 중심축으로 부상하는 데 그게 기여하는 획기적인 전환점이 되리라 믿어 의심치 않습니다.

• 오늘 오키나와현에서는 부지사가 대신 참석하셨습니다만, 불가피하게 오키나와현에서 세계 60개 국이 참가하는 국제회의가 오늘부터 개최됨에 따라 ○○○ 지사께서는 지난 22일 입국 후 제반 협의사항 등 지사·성장회의를 모두 마치고 오늘 아침 귀국하셨으므로 대신 부지사가 참석하게 된 점 양해해 주시기 바랍니다.

• 여러분께 회의 자료를 드렸습니다만, 본회의는 우리 시가 다가오는 21세기 환동해권 시대의 중심 도시로 도약할 것을 다짐하는 자리인 만큼 여러분의 많은 협조를 당부드립니다

• 잠시 후 14:00부터 본 행사가 개최되겠습니다만, 이번 행사에 참석하신 여러분을 위하여 회의 진행 방법과 내용에 대하여 간략하게 안내해 드리겠습니다.

중국어 국제회의 통역노트 (제2판)

펴낸날 1판 1쇄 2012년 9월 20일
2판 1쇄 2024년 1월 29일
지은이 손지봉
펴낸이 주소현
펴낸곳 이화여자대학교출판문화원
주소 서울특별시 서대문구 이화여대길 52 (우03760)
등록 1954년 7월 6일 제9-61호
전화 02) 3277-2965(편집), 362-6076(마케팅)
팩스 02) 312-4312
전자우편 press@ewha.ac.kr
홈페이지 www.ewhapress.com

ISBN 979-11-5890-486-9 13720
값 18,000원

* 잘못된 책은 구입처에서 바꾸어 드립니다.